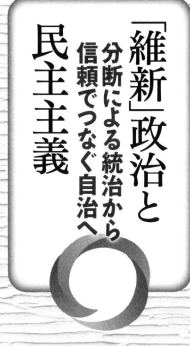

「維新」政治と民主主義

分断による統治から信頼でつなぐ自治へ

山口 勝己 著

公人の友社

序　文

i　なぜ刊行を思い立ったか

「ふわっとした民意」

　大阪維新の会は 2010 年に大阪で誕生し、以来、高い支持を維持してきた。既に 13 年、創設者である橋下徹が大阪府知事に当選したときから数えると既に 15 年が経過している。これだけの長期間、支持を維持し、選挙に勝ち続けているのだから、一過性の現象などと侮ることはできない。まして自治体議会におけるその議席数や議席占有率は年を追うごとに上昇している。そして大阪においては衆議院の議席もほぼ独占し、国政政党としての日本維新の会は、野党第一党を射程に入れるまでに躍進している。

　この現象を大阪以外の人たちはどう見ているのだろうか。なにかもの凄い政治的な動きが大阪で巻き起こっているのではないかと訝っている人がいるかもしれない。そうした激動が自分たちの地域にも波及して、地方政治の停滞を吹き飛ばしてくれないかと期待する人がいるかもしれない。

　ところが大阪で活動している私たちの肌感覚からすれば、維新を支えるある種の熱狂的なムーブメントが大阪に存在するようには思えない。あくまで選挙における投票先の選択肢として、維新が既成政党に対して比較優位を維持しているにすぎないというのが率直な実感である。

　大阪の有権者は思いのほか冷静である。かつて知事に当選して間もないころの橋下徹は、自らの人気の根拠を「ふわっとした民意」による支持と語った。

橋下も松井一郎も表舞台から去ったにもかかわらず、依然高い支持を得ている維新に対してすでに強い支持が根付いていて、「ふわっとした」支持は盤石のものとなったという分析も目にする。しかし実際はどうだろうか。私たちには「橋下」や「松井」といった個人名のブランドが「維新公認」という政党ブランドに変わっただけで、その支持の根拠は依然として「ふわっと」したものであるように思えてならない。

「過渡的な政治現象としての維新」という理解

　そのことに私たちは奇妙な違和感を募らせてきた。そして思い至ったのが「過渡的な政治現象としての維新」という理解だ。10年を超える年月は過渡的というには長すぎるといわれるかもしれないが、時間軸は対象の捉え方で随分変わる。それが世界を覆いつつある地殻変動の大阪的表れだと捉えれば、10年は決して長すぎる時間とはいえない。大阪の人々は根底的な変化が生じる予感をもちつつ、いまは維新に投票しているのではないか。そこにあるのは維新への「ふわっとした民意」の支持と、それ以上に維新政治以前の過去に戻ることを拒否するという明確な意思表示なのではないか。「既得権益」と名指された私たちにすれば、それほどに一度失った有権者の信頼を取り戻すことは難しいということかもしれない。それでも私たちは維新の次に来るものを求めて、活動を続けなければならない。

　維新は現在、何度目かの高潮期を迎えている。2023年4月の統一自治体選挙で大阪を中心に圧倒的な勝利を収め、これを足掛かりとして国政政党としても確かな位置を築きつつある。これに伴い、全国メディアの注目も再び維新に集まりつつある。しかし、一方で維新はいま大きな岐路に立たされている。大阪を基盤とした地域政党から本格的な国政政党に脱皮できるのか。また、推進してきた大阪・関西万博を成功させ、IRカジノによる経済成長を実現できるのか。現実政治には厳しいものがある。失敗すれば「ふわっとし

た民意」の支持などあっという間に消え失せ、長く強い拒否反応にさらされ
かねない。しかし、維新の次に来るものが、有権者の支持を獲得するまでに
成長し得なければ、政治不信が深まるだけである。最悪の場合、民意の支持
を必要としない強権的な政治が台頭しかねない。それほどまでに民主主義は
危機に直面しているのではないか。そう思わせる事象に、いまの日本や世界
はあふれている。

「維新」の次に来るもの

　では、「維新」の次に来るものとは何か。いささか結論を先取りしていえば、
それはいま「維新」に負けているものの中にあるといえるのではないだろう
か。残念ながら、それは政治勢力として「維新」に拮抗できるほどには育っ
てはいない。それどころか随分痛めつけられ、息も絶え絶えというありさま
かもしれない。しかし、根絶やしにされてはいない。事実、2度の都構想住
民投票を「否決」に導いたのは、そうした人たちの生きているあかしだ。

　それは何か。自己の主張に賛成か反対かで市民を敵と味方に分断し、敵と
名指された市民を「論破」してその発言権を奪うことで社会を「統治」する
政治と真逆のもの。信頼関係にもとづき対等につながりあう者たち。自己責
任の名のもとに他人の苦境に無関心を貫くのではなく、ともに支えあう相互
依存のネットワークの形成によってこそ個人の自立は可能だと考える者た
ち。そういう者たちによってボトムアップで創り上げられる政治。「統治」
ではなく「自治」。民主主義や自治という言葉にわたしたちが希望を託すのは、
そうした社会を希求するからだろう。決して多数決で一票でも多ければ総取
りなどという身もふたもないゲームのルールの話ではないはずだ。

　自治は難しい話ではない。難しく思えるのは自身の生活との関係性が見え
ていないときだ。しかし、それが見えると人々は立ち上がる。自治とは読ん
で字のごとく自ら治めることだ。人々は家庭で、職場で、ごく身近な地域社

会で自治をそれこそ自己責任において懸命に担っている。そのことを甘く見
てはならない。国であれ自治体であれ、政治権力が人々の生活の自治を脅か
したら、人々は覚醒する。自己の責任において社会や政治を変える行動を開
始するだろう。それが「維新」の次に来るものを創り出す。そんな思いを込
めて本書のサブタイトルに「分断による統治から信頼でつなぐ自治へ」と付
した。

　自己紹介
　ここで私の自己紹介をさせていただく。私は中曽根行革まっただ中の
1983 年に大阪市に福祉職員として就職するが、若いころから組合活動に熱
中し、大阪市職員労働組合民生支部、同本部、自治労大阪府本部などで、い
ろんな役職を経験した。私の世代はいわゆる団塊の世代のひとまわり下の年
代で、先輩たちの華々しい武勇伝を聞かされながら、どちらかといえばおと
なしい世代であった気がする。
　以前、小熊英二さんの『私たちはいまどこにいるのか　小熊英二時評集』
（2011 年、毎日新聞社）の中に「うす甘い左翼」という言葉を見つけて、言わ
れてみればその通りだと思ったことがある（ちなみに 60 年安保から全共闘
に至る世代は「塩辛い左翼」だそうだ）。
　この言葉を私は、体制変革や自分たちの権利主張よりは、過去の戦争にお
いて加害者責任を負う国の戦後世代の国民としてどうあるべきか、さまざま
な人権問題に関して差別する側である者としてどうあるべきか、こうした課
題を考えることに左翼の側に立つ者としてのアイデンティティの確立を求め
た世代というほどの意味に理解している。事実、私がやりがいを感じた活動
は、地域で共に生きることをめざす障害者解放運動との連携や部落解放同盟
が提起する様々な人権運動と連帯する取り組み、日雇い労働者のまち「釜ヶ
崎」の問題などであった。そんな私にとって 2006 年ころから始まった大阪

市の労働組合に対する厳しい批判やこれに続く大阪維新の会の台頭と労働組合への攻撃は、まさに青天の霹靂に思えた。自分の活動は意義あるものと誇りを持っていたし、注目はしてもらえなくとも少なくとも社会からバッシングを受けるものとは思いもよらなかった。うす甘かったわけだ。

　以来、私の主たる活動はいわば維新政治に対抗する運動に彩られていく。その主な活動の舞台となったのが「大阪の自治を考える研究会」である。この研究会は2010年、自治労大阪府本部の研究機関である大阪地方自治研究センター内に設置された。大阪都構想という名の、大阪市を廃止し、特別区に分割する大都市制度の改革案が橋下知事によって提唱され、その実現に向けた動きが顕在化してきたことに危機感をもって設置されたものだ。

　研究会は大矢野修・龍谷大学教授（発足当時）を代表に、労働組合の役職員やそのOB、行政経験者、自治体議員、友好団体の政策担当者などをメンバーとして、概ね月1回のペースで13年以上にわたって継続してきた。特に2度の都構想住民投票においては、大阪市廃止に反対する立場から、制度論のみならず、自治体現場と市民生活の接点に視点をすえながら、都構想の問題点を指摘するブックレットを合計4冊出版してきた（「資料3」参照）。その研究会の活動も2023年の4度目の大阪ダブル選挙の検証を終えた段階でひとつの区切りをつけることになった。私も既に60歳を超え、現役の役職を退き、間もなく再任用の期間も終わる。これを機に、研究会の皆さんとの議論から得た知見、経験を踏まえつつ、改めて維新政治とは何であるのかを考え直しておきたいと考え、本書の出版を決めた。

「過渡的な政治現象としての維新」の意味

　本書執筆を通じて、この13年、橋下知事誕生から数えると15年を改めて振り返ってみて、私の確信となったのは、維新政治、維新現象は過渡的な政治現象であるということだ。その意味は大きく二つある。ひとつは維新以

前の世界には戻れないということだ。私自身が胸を張って取り組んできた活動は、もちろん今もその思いに変化はないが、維新政治台頭を経て振り返ると、やはり大きな弱点があったと思わざるを得ない。それは端的に言えば、時代の変化の中で生まれた新しい社会問題が自らに及ぼす影響に対する鈍感さだ。労働者派遣法は 1986 年に成立し、改悪を重ねながらその対象を次第に拡大し、2004 年には製造業への派遣も容認された。これがリーマンショック後の派遣切りへとつながり、格差の拡大と貧困の深刻化を招いた。もちろん私たち労働組合も非正規雇用労働者の処遇改善を求める取り組みや労働者派遣法改悪に反対する取り組みを行ってきた。しかし、それが強行されたとき、私たち自身が恵まれた中間層、「既得権益」として批判の矢面に立たされることになることには、想像が及んでいなかったように感じる。

　「二極化」という言葉で社会の分断が表現されたが、その亀裂は私たち組織労働者の足元に走った。そしてさほど恵まれている実感もなかったいわゆる給与所得者層が、特に雇用が保証された公務員層が「既得権益」の象徴としてバッシングの矢面に立たされることになった。

　その背景には、「大阪は中小企業のまち」といわれるように、中小零細企業の従業員数や割合が全国トップレベルという大阪市の特性があったとおもわれる。そのバッシングの急先鋒として登場し、大きな支持を集めたのが大阪においては維新であった。しかし、バッシングにさらされたという自らの被害意識以上に、私たちが見落としてはならないのは、亀裂の向こう側に立たされた人たちのことだ。「ロスト・ジェネレーション」と呼ばれた人たちをはじめ、1990 年代から 2000 年代に正規雇用から排除された人たちの圧倒的多数が、20 年から 30 年を経て、今なお、不安定かつ低賃金での雇用を強いられているという現実だ。その現実は、維新が過渡的現象であるということを逆説的に証明している。それが二つめだ。

　格差と貧困の問題の解決を維新政治に期待することはできない

　維新政治は結局のところこの問題を解決できなかった。むしろ競争原理の徹底こそが社会を活性化させ、成長をうながすというイデオロギーを振りまき、個人に対しては自己責任論を押しつけた。労働組合をはじめ労働者を保護する制度を「既得権益」と名指しして解体することには情熱を傾けたが、正規雇用や安定した収入から排除された労働者の暮らしを改善することには冷淡かつ冷酷であった。

　今日の「豊かな社会」における格差と貧困の問題は、避けて通れない政治的課題として私たちの前に存在し続けている。その問題は、ますます様々な形で人々の生活を蝕み、老老介護、ヤングケアラー、女性の貧困、子どもの貧困など派生する社会問題となって、その解決を求めている。維新政治にこうした課題の解決を期待することはできない。そういう志向性を持った政治勢力でないことは、おそらく誰もが気付いている。

　維新の台頭は、これまでの「豊かさ」がこれからも続くと思っていた層に冷や水を浴びせたという限りでは、意味があったかもしれない。しかし、維新が代わりに振りまいたのは、時代おくれの成長神話である。しかも、それもまた、いまや実現不可能な昔の夢であることが立証されつつある。

　私たちが維新政治に見切りをつけ、新しい政治の実現に歩みだすためには、押しつけられたように感じられる不都合な現実を、自ら選び取った現実として引き受けつつ、その地点から私たち自身の手でより良いものに改善していく覚悟が必要なのだろう。その時は私たち自身も大きく変わり、新しい自分に出会える時かもしれない。その機運はやがて醸成され、社会に満ちると信じたい。

ⅱ　本書の構成と基本視点

　ここで本書の構成と基本視点について記しておく。まず、維新政治を振り返る基礎的作業として、1章から4章で維新政治を時系列で振り返ることにする。便宜的に大阪府市が維新首長となった時期を以下の4期に区分し、それぞれに1章をあてる。

① 【第1期】 橋下知事時代（2008年1月〜2011年10月）…いわば「維新」政治の前史の時期。

② 【第2期】 橋下市長・松井知事時代（2011年11月〜2015年10月）…統一自治体選挙での「大阪維新の会」躍進を経て第1回「大阪ダブル選挙」勝利から、「大阪都構想」住民投票「否決」を経て、橋下政界引退まで。

③ 【第3期】 松井知事・吉村市長時代（2015年11月〜2019年3月）…第2回「大阪ダブル選挙」勝利から、統一自治体選挙に合わせた知事・市長同時辞職、差し替え立候補による第3回「大阪ダブル選挙」実施まで。

④ 【第4期】 吉村知事・松井市長時代（2019年4月〜2023年3月）…第3回「大阪ダブル選挙」勝利から、第2回「大阪都構想」住民投票「否決」を経て、松井政界引退まで。

　それぞれの時期区分にあわせ、大阪の維新政治の動きを時系列的に整理する。その後に、これらの維新政治が国内外の政治社会動向とどうリンクして

いるのかを考えてみる。特に国政との関連では、維新が国政から受けてきた
影響だけでなく、逆に維新が国政に与えた影響にも留意してみていきたい。
国際政治との関連では、維新的な現象と類似性があると思われる事象を注視
してみたい。詳しくは本文を読んでいただきたいが、冒頭にその概要と私なり
の問題意識について提示しておく。

　政治団体として「大阪維新の会」が正式に結成されたのは 2010 年 4 月の
ことである。しかし、結成時の代表であり、カリスマ的人気を博した橋下徹
が政界に登場するのはその 2 年前の 2008 年 1 月 27 日、大阪府知事選挙に
自民党、公明党の推薦で立候補し、当選した時である。また、大阪維新の会
が実質的に大阪の地方自治を席巻するのは、2011 年 4 月の統一自治体選挙
前半戦において大阪府議会の過半数を確保するとともに政令市議会である大
阪市議会及び堺市議会の第一党に躍進してからだ。
　そして同年 11 月 27 日の大阪市長選挙に橋下が知事を辞職して立候補し、
同日選挙となった知事選挙に府議会議員で大阪維新の会幹事長の松井一郎が
立候補し（いわゆる第 1 回「大阪ダブル選挙」）、ともに勝利して政治基盤を
盤石なものとする。
　その後、2015 年 5 月 17 日の「大阪都構想」住民投票が反対多数で「否決」
されたことを受けて、橋下市長は任期限りで政界を引退すると表明した。し
かし、2015 年 11 月 22 日の第 2 回「大阪ダブル選挙」では、橋下に代わっ
て大阪市長に立候補した吉村洋文が、松井知事とともに当選し、再び府市の
首長選挙を制した。
　再度の実施をめざした「都構想」住民投票が難航したことを受けて、2019
年 4 月の統一自治体選挙直前に、松井知事、吉村市長がそろって辞職。統一
自治体選挙と同日に第 3 回となる「大阪ダブル選挙」を実施するとともに、
松井が大阪市長に、吉村が大阪府知事に立候補するという奇策に打って出る。

このやり方はメディアなどからも違法とはいえないまでも脱法的であるとの批判があがる。しかし、結果として選挙ではダブル選挙での勝利のみならず、府議会の過半数を確保し、大阪市議会でも過半数に肉薄する勝利を収める。

　しかし、こうした強引な手法を用いて選挙で勝利し、その勢いを借りて2020年11月1日にコロナ禍を押してまで強行した2度目の「大阪都構想」住民投票は反対多数で再び「否決」される。この「否決」を受けて松井は任期限りでの政界引退表明に追い込まれる。吉村も知事在任中に3度目の住民投票は行わないことを表明する。

「維新」政治の本質的特徴

　こうして振り返ると「維新」政治のそれぞれのエポックが「大阪ダブル選挙」と「大阪都構想」住民投票によって区切られていることがよくわかる。しかし、「維新」政治の本質を「都構想」のみに求めると逆にその本質を見誤ることになろう。大阪維新の会は「都構想」の実現を看板政策として掲げ続けることによって自己を「改革政党」として印象付けることに成功しているが、「維新」政治の本質的特徴は政策以上にその政治手法にあるともいえる。それは時々刻々生起する政策課題、政治課題に大阪維新の会がどのような対応を行ったかを見ることで明らかになる。また、「維新」政治なるものが結成当時から現在まで首尾一貫したものであったかといえば、必ずしもそうはいえない。勢力拡大の過程で本質的な変質、変節があったのではないかと思われるところもないとはいえない。

　そこで以下、1章から4章まで、できる限り時系列で維新政治の動向を追いながら、その時々の主要な政治・政策課題に大阪維新の会がどのような政治対応をおこなってきたかを跡付けてみたい。

　一方で、当然のことながら維新政治は国内外の政治社会状況と無関係に生まれ、発展したものではない。むしろ維新政治は優れて現代的な政治現象と

みなされている。橋下徹が大阪府知事に当選した翌年の2009年8月30日の総選挙で民主党は大勝し、政権交代を実現する。この選挙において橋下は、自公の推薦で知事選挙に当選したにもかかわらず、当時の横浜市長であった中田宏や松山市長であった中村時広（現、愛媛県知事）らと「首長連合」を結成して民主党支持を表明していた。

　橋下市長・松井知事コンビの時代には、第2次安倍政権の安倍首相・菅官房長官コンビとの「蜜月」ぶりがよく取りざたされた。しかし、双方の関係は必ずしも一方的に橋下らが安倍・菅の庇護の下にあったわけではなく、いわば相互依存的な関係であった。それが下野後に保守化・右傾化を強めた近年の自民党政治の「変質」とシンクロしている側面がある。

　橋下の知事就任以来15年になろうとしているが、その間に日本の政治も世界の政治も大きな変化に見舞われた。その荒波の中を維新はしたたかに生き延び、成長をはたしてきたといえる。各章の最終節では大阪で生まれた「維新」政治を同時期の日本及び世界の政治との関連で位置づけ直してみたい。大阪維新にばかり目を向ける「天動説」を脱して、国内外情勢の変化の中に維新を位置づける「地動説」に立ち戻るためにも必要な作業だと考えるからである。

　以上の4つの時代区分を振り返った後、5章では基礎作業の仕上げとして、現在の維新を考えるうえで大阪都構想を上回る意義を持つと思われる「夢洲・万博・IRカジノ」問題を取り上げる。その後、国政政党としての「日本維新の会」の変遷と現況を振り返る。

　最後に6章で総論的に「維新」政治とは何かを考察する。はじめに私たちにとっては極めて厳しい結果に終わった2023年4月の統一自治体選挙と4度目の大阪ダブル選挙の結果分析を行う。次に、どのようなプロセスを経て「反維新」陣営が形成され、その弱点はどこにあるかを検討する。その上で最後に維新政治が継続する中で私たちに何ができるかを考えてみたい。

目　次

1章

橋下知事時代

（2008 年 1 月〜 2011 年 10 月）

1　橋下・大阪維新の胎動期

　この期間は、いわば「維新」政治の前史の時期といえる。橋下は 2008 年
2 月 6 日に大阪府知事に就任する。橋下知事は着任早々、「財政非常事態宣
言」の発出を表明。また、幹部職員への訓示において、「職員は破産会社の
従業員」だと発言し、府財政の立て直しを錦の御旗に改革案を矢継ぎ早に発
表し、着手する。この時期に橋下知事が取り組んだ政策の主要なものを列挙
すると、①府庁舎の WTC（ワールドトレードセンタービルディング）移転
問題、②府内水道の一元化問題、③教育改革問題（教育予算削減、全国学力
調査結果公表請求、高校授業料無償化など）、④大阪都構想（「グレーター大阪」
構想）の提唱などがある。以下に、その概要を素描する。

1)　府庁舎の WTC 移転問題

　橋下知事は 2008 年 8 月、平松邦夫大阪市長（当時）に対し、WTC への大
阪府庁移転案を正式表明する。WTC とは大阪ワールドトレードセンタービ
ルディングの略称で、1995 年に竣工した大阪市湾岸部の超高層ビルである。
いわゆる「バブル期」に大阪市が第 3 セクター方式で建設したものであり、
バブル崩壊に伴い経営破綻に陥っていた。
　一方、大阪府庁舎（本館）は 1926 年に竣工したもので、老朽化が著し
く、大阪府は早くから新庁舎建設計画を進めていたが、財政危機が顕在化し
た 2007 年、本館の建て替えを正式に見送らざるを得ない事態に追い込まれ
ていた。しかし、現庁舎を使い続けるためには耐震工事が不可避であり、そ

れも莫大な費用を必要とするものであった。

　そうした時期に知事に就任した橋下は着任半年で、いわば「一石二鳥」の妙案として大阪府庁舎の WTC 移転を打ちだした。橋下知事は翌 2009 年 2 月の府議会に移転条例案、関連補正予算案を提出する。ちなみに地方自治体の事務所の位置を定める条例の改廃には議会の 3 分の 2 以上の賛成が必要となる。しかし、橋下の強引な議会対応は府議会の反発を招き、当時は与党の自民党、公明党の議員からも反対が続出し、3 分の 2 どころか反対多数で否決されてしまう。

　その後、10 月の府議会に再提出。移転条例案は再び少数否決されるが、約 80 億円で WTC を購入する補正予算案（次年度執行の債務負担行為）は可決にこぎつけ、WTC は 2010 年 6 月 1 日、正式に大阪府咲洲庁舎となる。橋下知事はこの時、条例上可能な府庁機能はすべて WTC に移し、実質的府庁移転を実現すると語り、最後まで強気の姿勢を貫いた。また、この条例案への対応をめぐり自民党府議団が分裂。松井一郎ら 6 人が自民党府議団を脱退し、新会派「自民党・維新の会」を結成する。

　橋下知事時代における府庁舎移転問題は概ね以上であるが、事はそこで終わらない。もしそれだけなら傷を負いつつも橋下が「既得権益」と指弾する既成政治勢力と果敢にたたかい、そうした彼を支持する勢力も芽生えだした武勇伝とも解釈しうる。しかし、政治は結果責任といわれる。問われるべきは WTC への府庁移転は政策として適切であったか否かであろう。

　2011 年 3 月 11 日、東日本大震災が発生した。幸いなことに大阪では揺れは観測されたもののほとんど被害は発生しなかった。にもかかわらず咲洲庁舎は長周期地震動により 32 基中 26 基のエレベーターが停止し、うち 4 基に 5 人が 5 時間近く閉じ込められた。建物の損傷も甚大で、天井の落下、床の亀裂など 300 カ所を超える損傷に見舞われた。この結果、橋下知事は全面移転案の断念に追い込まれるとともに耐震補強工事を行うことを表明せざ

るを得なくなる。この耐震工事のため約25億円かけて制振装置「ダンパー」を約300台取り付けたが、国の南海トラフ想定規模が拡大したため、さらに約18億円かけて約270台の追加が進められた。

　また、WTCは7階から17階までがオフィスフロアだが、民間テナントが思うように集まらず、経営を圧迫していた。起死回生の策として松井知事時代の2017年にホテルを誘致する。しかし、開業直後からホテル側の家賃の滞納が続き、2020年7月に大阪府が賃貸契約を解除。それでもホテルが滞納金の支払いにも退去にも応じないため、11月に大阪府はホテル側を相手取って滞納金や水光熱費の支払い（約3億2千万円）と施設の明け渡しを求めて提訴するに至る。ホテル側は現在も賃料を滞納したまま営業を継続しており、滞納金と損害金の総額は単純計算で2022年6月現在、約20億円にまで膨らんでいるという。

　橋下知事は大阪府と大阪市の二重行政による無駄の実例として、大阪市が湾岸部に建設したWTCと大阪府が関西空港の対岸に建設したりんくうゲートタワーがその高さを競った問題を繰り返し指摘してきた。ただし、この問題の本質は自民党の川嶋広稔市議（当時）がその著書『とことん真面目に大阪都構想の「真実」を語る！』（2020年、公人の友社）で指摘しているように、バブル期にアメリカの要求に応え内需拡大路線に転じた中曽根政権下における民活法（正式には「民間事業者の能力の活用による特定施設の整備の促進に関する臨時措置法」、1986年制定）に大阪府市が飛びついた結果の失敗、つまり「二重行政の失敗ではなく、国策に踊らされた末の政策面での失敗」（同書）であったといえる。もっとも、原因はどこにあれ、財政危機を招いた大阪府市に対する有権者の不信と不満は蓄積していた。橋下知事はWTCの大阪府庁舎化という「妙案」で、有権者の不満を自身の支持へと誘導した。また、この政策への賛否をテコに、自民党大阪府議団を分裂させ、「大阪維新の会」の旗揚げへとつなげていった。しかし、その「妙案」は成功したのか。結果は上

記のとおりである。

　府庁の移転は中途半端に終わり、咲洲庁舎の職員は本庁舎や議会への往復に時間とコストのロスを強いられ、結局、本庁舎の耐震工事が必要となるとともに、WTCにおいても新たに耐震工事の必要が生じ、民間テナントであるホテルとの係争まで生んでいる。政治が結果責任であるなら、橋下知事の責任はもっと追及されてしかるべきだが、次々と新しい政策マターをセンセーショナルに取り上げることで、メディアと有権者の歓心をそちらに誘導し、いつしかこの問題は忘れ去られていった。維新政治のコアの手法はこの時すでに橋下知事によって確立されていたといえる。

2）　大阪府内水道の一元化問題

　水道事業の府市一元化、民営化は大阪維新の会が執着してきた政策マターである。同時に水道事業がまさに府民、市民にとって「いのち」にかかわる公共事業であるがゆえに、府民、市民の関心は高く、今なお維新の思惑通りには進捗していない政策課題でもある。ここでは、橋下知事が就任直後に提唱した府市水道事業統合の経緯について見てみる。

　大阪府市の水道事業統合協議は、橋下知事の申し出でスタートしたが、これには若干の前史がある。太田房江知事と關淳一大阪市長（いずれも当時）は2006年、水道事業の連携強化のために府市連携協議会を立ち上げた。背景には水需要の減少が予測される中、府市協力して経営効率化を図るとの思いがあった。具体的には淀川北部で取水した水を南部に送るためのバイパス送水管の一部に大阪市の配水場を活用することで新設区域を短縮することなどが検討されていた。これにより府は設備費約800億円を節約できると試算していた。しかし、橋下知事は就任早々、財政非常事態宣言に伴う全事業見直しを指示し、この協議も中断された。当時、「市側の担当者は『知事に振り

回され、1 年半の協議が無駄になった』と嘆いている」との記事が新聞に掲載された（朝日新聞 2008 年 3 月 12 日）。

　一方で、橋下知事は 2008 年 2 月、水道事業については府市の「連携」ではなく「統合」をめざすとの方針を打ち出し、4 月 8 日には平松大阪市長（当時）と会談し、水道事業統合に向けた協議を進めることで合意する。これを受けて大阪市は 2009 年 3 月、資産と料金決定権限を大阪府に残したまま大阪市が指定管理者になって大阪府の用水供給事業を運営する「コンセッション型指定管理者制度」による事業統合を提案する。これは施設所有権を大阪府に残したまま運営を大阪市水道局に移すことを意味する。橋下知事は、大阪府水道部を廃止し、大阪市を核とした水平連携により水道事業の最終目標である府域一水道をめざすとして、大阪市の提案を受け入れることを判断する。9 月には府市が正式合意、10 月には受水市町村への説明会も実施された。

　しかし、府営水道を受水する 42 市町村等で構成する大阪府営水道協議会（当時）は、統合には首長の合意や議会の議決が必要となることから、判断を受水市町村で構成される首長会議に委ねる。翌 2010 年 1 月 30 日、受水市町村の首長会議が開催されるが、コンセッション型指定管理者制度では市町村の意見反映が困難との理由から、ⅰ）受水市町村の総意としてコンセッション方式は選択しない、ⅱ）府域水道事業の今後の方向性として、基本的に企業団方式で検討を進めることとし、将来的には大阪市を巻き込んだ府域一水道を目指していく、ⅲ）2011 年 4 月の企業団設立を目標にして検討を進めていく、との方針を決定する。

　結果として、橋下は知事として合意した大阪市のコンセッション型指定管理者制度の導入による水道事業統合について、受水市町村の合意を取り付けることができずに、撤回に追い込まれる。この原因は橋下の政治的、政策的稚拙さに求めるよりないはずだが、橋下はこれを機に政令指定都市・大阪市の権限の大きさに対する批判を声高に主張するようになる。まさに論点のす

り替えであるが、そこで編み出したのが維新の看板政策である「大阪都構想」
である。その後、水道事業問題は大阪市長に転じた橋下による 2013 年の民
営化提案へと展開し、維新政治の本質が露わになっていくが、その経緯につ
いては後述する。なお、この経緯は辻谷貴文「『蛇口の向こうの水道』をみ
んなで考えて共有する」(『市政研究』2022 年夏 216 号)を参考にした。

3)　教育行政改革問題
(教育予算削減、全国学力調査結果公表請求、高校授業料無償化など)

　就任当初から橋下知事は、これまでの大阪府の教育行政に対して強い批判
的姿勢を持って臨んだ。それは抽象的な教育観、教育論にとどまらず、多岐
にわたる教育行財政制度の見直しに及んだ。このテーマはその後も維新政治
に引き継がれ、現在も継続している。また、維新政治を批判する側にとっても、
維新の教育改革への批判は最も根幹にかかわるテーマでもある。ここでは橋
下知事着任以降、第 1 期における教育政策を、メディアが取り上げた橋下の
教育に関する言行とともに素描したい。
　橋下知事がまず着手した教育行政改革は、財政危機を理由とした教育施策
の見直しである。橋下知事は 2008 年 3 月 20 日、万博記念公園内にあった
国際児童文学館を視察し、同館を閉館し府立図書館に集約すると表明した。
その姿をメディアは大きく報じた。その後、財政再建プログラム(橋下は「大
阪維新プログラム」と命名)の名のもとに、大阪府立青少年会館の廃止、私
学助成の削減、子育て支援関連諸事業の再編などを強行する。私学助成見直
しに関しては、私立高校保護者連合会の補助金要望(5 月 8 日)に対し、「子
どもたちが公立にない付加価値を私学に求める以上はお金がかかるのは当た
り前だ」と言い放ち、「私学助成を削らないで」という高校生との意見交換
会(10 月 23 日)では、「今の世の中、自己責任だ。保護されるのは義務教

育まで。希望の学校に入れないと不満があるなら海外の学校へ行けばいい」
と暴言を吐き、泣き出す子も出た。橋下は就任後3年間で、私学助成を小中
高合わせて約169億円削減した。なおその一部は2010年度から実施した私
立高校授業料無償化の財源とされた。

　これら一連の「改革」は端的にいえば教育関係予算の削減である。京都精
華大学教員の住友剛は「橋下『教育改革』とこども施策の『グレートリセット』」
（『市政研究』2012年夏176号）と題する論考で、橋下教育改革は学校現場へ
の統制強化に対する批判に力点が置かれすぎており、子育て家庭へのセーフ
ティーネットが破壊されることへの批判が見過ごされていることに注意を促
している。この段階では、後ほど触れる学校現場への統制強化策はまだ本格
化していないが、橋下の教育改革がまずは教育関係予算削減からスタートし
ていることは記憶されるべきであろう。

　教育予算削減という視点からの関連でここで記述しておくが、橋下知事は
2012年、3年連続で定員割れの高校を閉校（「廃校」と同義）検討対象とする
という条例を制定し、以来、大阪府市は公立高校の統廃合を推し進めている。
私立高校無償化が維新の教育政策の看板政策のように取り上げられるが、そ
の裏側では公立高校の大幅な定員削減が同時進行していることを忘れてはな
らない。大阪府教育委員会は2023年8月、定員割れが続く府立高校3校を
2024年から募集停止すると発表したが、この3校を加えると2012年から
の10年で大阪府立高校、大阪市立高校合わせて17校が廃校になるという。

　この時期、教育行政分野での橋下知事の言動で注目されたものに、全国学
力調査をめぐるものがある。時系列的に橋下の言動を拾ってみると、文科省
が発表した全国学力調査結果で大阪府が2年連続で低位であったことに対し
て「2年連続でこのザマはなんだ」と発言（2008年8月29日）。全国学力
調査結果を市町村ごとに公表するよう府教委に指示すると表明（8月30日）。
「教育非常事態宣言」を発表し、全国学力調査の平均正答率を公表しない市

町村教委を「責任放棄だと徹底的に批判する」と発言（9月5日）。全国学力調査の成績公表に慎重な市町村教委に対して「あのクソ教育委員会野郎が…」と暴言（9月7日）。全国学力調査の市町村ごとの科目別平均正答率を情報公開請求者らに開示する（10月16日）。

　これら一連の言動からうかがい知れる橋下知事の教育観は、あまりにも単純な成績（点数）至上主義であり、競争原理の徹底こそが学力向上につながるという身もふたもない学力論であるといえる。しかし、保護者層のある種の「ホンネ」をとらえるとともに、学校や教育界が持つ権威主義と対峙していると印象づける政治的パフォーマンスとしては成功を収める。また、保護者の「知る権利」を盾に全国学力調査結果の情報公開を迫り、保護者が教育委員会や学校より優位な立場にあると印象づけるとともに、テストの結果で学校や教委の評価が決まるかのような空気を醸成させた。

　しかし、問題は知事という権力の座にある者が、政治からの教育の自律を守るために制度設計された教育委員会に対して、暴言も交えながら指示的な言動を繰り返し、結果として思いどおりの対応を引き出すことにある。府教委との意見交換の場で、橋下知事の意見に異を唱えた当時の教育委員長に対して、「私は選挙の洗礼を受けて生の保護者に接している。その経験のない委員長の認識は間違っている」と言い放ったという（2008年8月26日）。弁護士資格を持つ橋下に教育委員会制度の意味が分からないわけはない。あえてこういう強引かつ傲慢な態度をとることで、どこまで自分の主張を組織に受け入れさせることができるかを試していく政治手法といえる。こうした政治手法はその後も続くが、是認することはできない。

　知事による教育行政への過度の介入は、全国学力調査のような単発的な問題から、やがて教育基本条例をはじめとする条例による学校現場への統制強化へと進展していく。これらの施策展開とその評価については、2章で触れることにする。

　また、民主党政権下で 2010 年度から実施された高校授業料無償化・就学支援金支給制度と連動して、橋下知事は大阪府において 2010 年度から一定の所得制限を設けた私立高校授業料無償化を実施する。その財源は前述のとおり無償化にかかる予算を上回る私学助成の削減を移し替えたものだが、子育て世帯の家計を直接支援するベーシックインカム型の教育施策は維新政治の特徴であり、その後も維新が有権者から支持を得るための有力な政策手段となっている。

　この時期の橋下知事の教育政策は新自由主義的な価値観に貫かれた、能力主義的で競争を是とするものであり、民間企業の経営手法を教育現場に生かそうとする市場原理主義的色彩の濃いものであった。しかし、決してナショナリズムに彩られた保守的なものとはみられていなかった。だが、そんな中で朝鮮学校に関しては違った。具体的には、「拉致問題」を理由に私立高校授業料助成制度から除外し（2010 年 3 月 2 日に表明）、さらに「金総書記の写真を撤去していない」として従来からの補助金の支給も停止したが（2011 年 3 月 8 日表明）、当時そうした対応は若干の違和感を持って受け止められた。これは橋下本人の思想というより、自民党を離党して大阪維新の会に参画した保守系府議の思想信条が橋下・維新政治に影響を与えた結果とみるべきかもしれない。あるいはその後、蜜月関係を築く安倍元首相の右派思想の影響かもしれない。

4)　大阪都構想（「グレーター大阪」構想）の提唱

　橋下知事が「大阪都構想（以下、都構想と略）」について初めて言及したのは 2010 年 1 月 12 日、来賓として出席した公明党大阪府本部新春互例会でのスピーチにおいてであったといわれている。その後、橋下は 3 月 24 日、都構想について、大阪市・堺市・周辺市を 20 の特別区に再編する「グレーター

大阪」構想であると発言する。なお、「大阪都」という呼称は、戦後に大阪市が横浜市など他の大都市とともに展開した特別市運動に対抗して大阪府が唱えた「大阪産業都」構想や2000年ごろに太田房江知事が大阪府と大阪市を統合するものとして提唱した「大阪新都」構想などに由来を持つものであり、橋下の造語ではない。

　2010年の段階での都構想は、後に住民投票に付される大阪市廃止、特別区への分割案とはかなり位相の違うものであった。もっともこの時期には確定された制度改革案が存在したわけではなく、その概要は大阪維新の会の「設立趣意書」や同会が作成した「大阪再生マスタープラン」でうかがい知るしかない。それはどのようなものか。なお、この段階の都構想についての分析は、本郷隆夫・元堺市参与の「『大阪都構想』を批判する」(『市政研究』2010年夏168号) に詳しい。以下の記述はこの論考を参考にする。

　設立趣意書には「『広域自治体が大都市圏域の成長を支え、基礎自治体がその果実を住民のために配分する』地域経営モデルを実現する」とあり、その当面の目標のひとつに「大阪府域の再編」や「都区制を超える大都市制度の実現」などが掲げられている。大阪再生マスタープランでは「大阪市と周辺市で都区(仮称)を構成する。都区は東京都の特別区よりも権限と財源を有する基礎自治体である。都区の首長は公選制とする。都区に議会を置き議員は公選制とする。都区制の下、現府内に適正な数の基礎自治体を構成する」とある。都区の範囲は大阪市、堺市の両政令指定都市と周辺9市(豊中市、吹田市、守口市、八尾市、松原市、大東市、門真市、摂津市、東大阪市)の計11市で、これを20の都区(大阪市を8区に、堺市を3区に分割、他の9市はそれぞれ1区とする)に再編するというものである。都区に編入されない自治体も「適正な数の基礎自治体」に再編することが示唆されている。

　しかし、「大都市圏域の成長を支えうる」広域自治体としての府の機能強化や「東京都の特別区よりも権限と財源を有する」という都区の権限や財源

については明確にはされていない。そもそも橋下は広域行政の強化のために
は道州制の導入を主張していた。道州制を主張するのであれば、国から広域
自治体への権限移譲こそが地方自治制度改革の眼目となるはずだが、都構想
はそこには全く触れていない。逆に基礎自治体である政令市・大阪市の主要
な権限を府に吸い上げようとするのが都構想のねらいであった。いわゆる「成
長戦略」を効率的、効果的に実現するために、大阪市の権限を府に吸い上げ
一元化するという制度改革案は大胆に見えるかもしれないが、国から見れば
基礎自治体と広域自治体の事務分担の話でしかなく、まさに「コップの中の
嵐」に過ぎない。

　このように、この段階の都構想は制度改革案としての完成度からも法的根
拠を含む実現可能性の点からも生煮えであり、多くの有権者は橋下流の「大
風呂敷」と受け止めていたのではないか。しかし、大阪府市の過去の対立を
過大にあげつらった「二重行政のムダ」や剛腕知事たる橋下の実行力への期
待を背景とした「指揮官はひとり」といったスローガンは、大阪圏の経済的
停滞を克服できてこなかった行政への不満を蓄積していた有権者の心をとら
えた。そのことが2011年4月の統一自治体選挙での大阪維新の会の躍進に
つながり、都構想は新たな段階へと入っていくことになる。

※

　以上、橋下知事時代を象徴する4つの政策について振り返った。それらは
必ずしも橋下知事の思い通りに進んだわけではないが、「抵抗勢力」とたた
かいながら対立を恐れず改革を推進する政治家としてのイメージを巧みに印
象付けることに成功し、橋下知事の人気はタレント弁護士出身に由来するも
のから剛腕の改革派知事への支持に基づくものへと変化しつつ高まった。ま
た、在阪メディア、とりわけテレビメディアはこぞって橋下知事の剛腕なリー
ダーシップをもち上げた。

　こうした流れを追い風に、橋下知事は大阪における政治基盤を着々と固め

ていく。2009年9月27日の堺市長選挙では、橋下が支持した前大阪府政策企画部長の竹山修身が、現職市長を破って当選（のちに竹山は都構想をめぐって橋下と対立し、次期市長選挙では維新公認候補と対決し勝利する）。同年4月には松井一郎グループ6人が府議会自民党会派を離脱して「自民党・維新の会」を、同じく10月には浅田均グループ5人が「自由民主党・ローカルパーティ」を立ち上げる。そして2010年4月19日に両グループを母体に、都構想実現をめざす地域政党「大阪維新の会」が設立される（代表は橋下、府議24人、大阪市議1人、堺市議5人）。以降、さみだれ式に大阪維新の会に鞍替えする議員が続出し、自民党籍のままで参加していた議員も9月には離党。大阪維新の会は選挙を経ずして府議会第一会派となる。こうした動きは「橋下劇場」とも称され、大阪の有権者の関心を集め、2011年4月の統一自治体選挙での「大阪維新の会」の躍進、11月の「大阪ダブル選挙」での勝利へとつながっていく。

2　民主党政権の消長と大阪維新の会の誕生

1)　自民党政権の退潮とリーマンショック

　橋下徹は2008年の大阪府知事選挙に当選し政界に登場するが、このころの日本の政治は、大きな岐路に立っていた。5年余の長期政権を維持した小泉政権が2006年9月に退陣して以降、国内の政局は大きく流動化する。小泉純一郎の跡を継いだ安倍晋三による第1次安倍政権下の2007年7月29日に実施された参院選挙では与党が過半数割れとなり、いわゆる「衆参ねじれ国会」となる。これにより安倍は同年9月26日、健康問題を理由に退陣

する。次に福田康夫が政権を引き継ぐが、福田も 1 年足らずで政権運営に行き詰まり、翌 2008 年 9 月 24 日に退陣する。そのあとを麻生太郎が引き継ぐが、自民党の支持拡大にはつながらず、政権交代が現実味を帯びてくる。

　国政の激動は大阪の地方政治にも影響を与える。2007 年 11 月 3 日に執行された大阪市長選挙において、民主党大阪府連が推薦した元 MBS アナウンサーの平松邦夫が自公の推薦する現職の關淳一に勝利する。民主党単独推薦の平松の当選は、国政における政権交代の先取りとの印象を与えた。また、選挙の帰趨を制する存在としていわゆる「無党派層」に注目が集まった選挙でもあった。同時に長年にわたって大阪市政において継続していた、助役出身の市長を共産党以外のすべての政党会派が支える、いわゆる「オール与党」体制の終焉とも評価された。

　こうした情勢変化に危機感を覚えた自民党大阪府連は、2008 年 1 月に近づいた知事選挙に向けて、「政治とカネ」の問題から出馬断念に追い込まれた太田房江知事（当時）に代わる候補者として、その頃、テレビ番組で「茶髪の弁護士」として人気のあった橋下徹に白羽の矢を立てる。当初、立候補は「2 万％ない」と否定していた橋下も 12 月には出馬を表明する。知事選挙は 1 月 27 日に執行され、抜群の知名度を誇る橋下は圧勝で当選を果たす。

　世界に目を転じると、2008 年 9 月 15 日に全米証券 4 位のリーマンブラザースが経営破綻する。既に 2007 年から顕在化していたサブプライムローン危機は、このリーマンショックを機に、一気に世界金融危機へとつき進んだ。この危機のもう一つの特徴は富める者はより豊かに、貧しい者はさらに貧しくなるという経済格差の拡大にあり、いわゆる「中間層」の没落が格差問題をより鮮明にした。こうした中、2008 年 11 月に実施されたアメリカ大統領選挙で民主党のバラク・オバマが勝利し、初のアフリカ系アメリカ人大統領が誕生した。オバマ大統領は就任すると、「オバマ・ケア」などリベラルな政策を精力的に推進する。

2）　民主党政権の誕生と失速、東日本大震災の発生

　世界金融危機は日本にも大きな影響を及ぼした。既にバブル崩壊以降、日本経済は長期停滞といわれる危機に直面していた。金融危機はこれに追い打ちをかけるものであったが、日本においては経済危機以上に雇用の危機として顕在化した。バブル崩壊以降、正規雇用が減少し「就職氷河期」といわれた背後で、非正規雇用が急激に拡大していた。リーマンショックに際して、製造業を中心とする大企業は、増加していた非正規労働者（派遣職員）の大規模な雇止めを行った。いわゆる「派遣切り」である。会社の寮で生活していた派遣労働者の多くが仕事とともに住まいも失った。年末には NPO や労働組合の支援の下、日比谷公園に「年越し派遣村」が開設されるなど、経済格差問題や貧困問題への世論の関心が高まった。しかし、時の麻生政権は有効な対策を打ち出せず、内閣支持率は 20％以下に低迷する。2009 年 7 月12 日に実施された東京都議会議員選挙でも自民党は大敗を喫し、第一党の座を民主党に明け渡す。ついに 8 月 30 日の総選挙で政策パッケージである「マニフェスト」を掲げて選挙戦をたたかった民主党が 308 議席を獲得して圧勝。政権交代を実現し、民主党、社民党、国民新党による鳩山連立政権が誕生する。

　当時の民主党政権と橋下大阪府政との関係には極めて微妙なものがある。例えば学力向上を至上命題とし競争を是認する教育観や自治体の行政機構を「統治機構」と呼び、徹底した上意下達の組織規律を求める考え方は民主党政権のリベラリズムとは相いれなかった。しかし、官僚主導から「政治主導」への転換を掲げ、「事業仕分け」という手法を活用した行政のムダの削減や「高校授業料無償化」など直接国民 (消費者) の家計を支援するベーシックインカム的な現金給付施策の重視などは一定の親和性がみてとれた。

　一方、政権交代を実現し、発足当初高い支持率を誇った鳩山民主党政権だが、米軍普天間基地移設先問題での迷走（県外または国外への移設から県内移設是認へ）をめぐって支持率が急落する。結局、辺野古移設の閣議決定への署名を拒否した社民党党首の福島瑞穂・内閣府特命大臣を罷免したことから、2010 年 5 月 30 日に社民党が連立政権を離脱。鳩山首相も辞任する。菅直人が首相、民主党代表を引き継ぐが、10% への消費増税に言及したことにより支持が急落する。民主党は 7 月 11 日の参院選挙で大敗し、政権交代から 1 年足らずで与党過半数割れの「衆参ねじれ国会」となる。

　国政が混迷を深め国民に政治不信が募る中、前述の通り大阪においては橋下知事の派手な政治的パフォーマンスに一部の自民党大阪府議らが呼応する形で「大阪維新の会」の母体が形成されていく。

　翌 2011 年 3 月 11 日、マグニチュード 9、最大震度 7 という巨大地震が東北地方を中心に東日本を襲う。特に津波による被害が甚大で、場所によっては波高 10m 以上、最大遡上高 40.1 m にも上る巨大な津波が発生し、東北地方と関東地方の太平洋沿岸部に甚大な被害をもたらした。人的被害は、死者 1 万 5900 人、行方不明者 2523 人（2023 年 2 月末時点、警察庁発表）に及んだ。加えて、福島第 1 原発で未曽有の原発事故が発生する。津波による浸水で全電源喪失に陥り、メルトダウンが発生。1・3・4 号機で水素爆発が発生し、大量の放射性物質が放出された。

　そのわずか 1 か月後の 4 月 10 日に実施された統一自治体選挙において、大阪維新の会は多数の候補を擁立して、大阪府議会で単独過半数を獲得。大阪市議会、堺市議会においても第一党に躍り出た。一方、民主党大阪府議団・大阪市議団は国政における支持率の低下も影響し、歴史的ともいえる大敗を喫する。

　橋下知事が誕生した 2008 年当時の政治状況を小括すると、世界的には世界金融危機による格差の拡大などを背景に、行き過ぎた新自由主義的改革や

自己責任論に対する批判が高まる時期といえる。それがアメリカにおけるオバマ大統領や日本における民主党政権の誕生を後押しした。しかし、日本の民主党政権は政権運営の経験不足もあり、国民の期待に十分応えることができなかった。さらなる試練として、2011年3月11日に発生した東日本大震災と福島第一原発事故が政権運営を追い詰める。民主党の失速、自民党への不信という政治の迷走状況が続く中、大阪では、その間隙を縫うようにして、タレント弁護士出身の知事として登場した橋下徹を核に、自民党に見切りをつけた保守系府議らによって新たな政治勢力「大阪維新の会」が形成されていく。

2章

橋下市長・松井知事時代

(2011 年 11 月〜 2015 年 10 月)

1　「大阪維新の会」の誕生と
教育行政、組合活動への露骨な介入

1)　橋下・「大阪維新の会」の誕生

　第 2 期は、2011 年春の統一自治体選挙における大阪維新の会の登場と躍進にはじまり、秋の「大阪ダブル選挙」での勝利、その後 2015 年の第 1 回都構想住民投票の否決を経て、橋下市長の政界引退までを取り上げる。

　統一自治体選挙前半戦は 2011 年 4 月 10 日に実施された。初めて「大阪維新の会」として臨んだこの選挙で、維新は大阪府議会の過半数を獲得し、大阪市議会、堺市議会においても第一党に躍進する。4 月 24 日に実施された後半戦でも、維新公認候補が吹田市長選挙に勝利したのをはじめ、多くの維新公認の自治体議員を当選させた。

　統一選で示された維新人気と、府議会での過半数確保をバックにして、橋下知事は 6 月 3 日、府立高校の教職員に君が代の起立斉唱を義務づける全国初の条例案を成立させる（資料 2 参照）。それに続き、「職員基本条例案」や「教育基本条例案」など維新色を濃厚ににじませた職員統制強化の条例制定に着手する。

　橋下知事は 9 月 26 日、都構想実現に向けて維新の会で国政をめざすと発言。続いて 11 月に迫った大阪市長選挙を前に、10 月 22 日に突然、橋下は知事の辞職願を提出。23 日には橋下知事が大阪市長選挙に、大阪維新の会幹事長で大阪府議の松井一郎が大阪府知事選挙に立候補すると発表した。それをうけ 11 月 27 日に「大阪ダブル選挙」が実施される。

　なお、大阪市長選挙においては出馬を表明していた共産党系予定候補が、反橋下票の分散を避けるために出馬を辞退し、現市長の平松と橋下との一騎打ちとなった。大阪府知事選挙においては、松井に対して府内市町村の多くの首長の支持を背景に倉田薫池田市長が立候補した。また共産党系の梅田章二弁護士も立候補した。結果は、知事選挙、大阪市長選挙ともに維新候補の松井・橋下が勝利した。以降、維新の会の知事、市長が大阪府政、大阪市政を席巻する維新政治の時代が続くことになる。

2) 「職員基本条例」「教育基本条例」等について

　ダブル選挙に勝利した橋下市長、松井知事コンビは12月27日、府市統合本部を、翌年4月には「大阪にふさわしい大都市制度推進協議会（以下、推進協議会と略）」を設置するなど、都構想実現に向けた動きを本格化させる。また「職員基本条例」「教育基本条例」など教育行政、職員管理に対する首長介入を強化する条例を府市で次々と成立させていく（資料2参照）。これらの条例について、ここで少し詳しく検証してみよう。

　2011年4月の統一自治体選挙で勝利すると、大阪維新の会は条例制定という手法で維新政治を極立たせる取り組みを強める。その手はじめは6月3日に制定された「大阪府の施設における国旗の掲揚及び教職員による国歌の斉唱に関する条例」である。この条例は全国で初めて、府立学校の式典における君が代斉唱時に教職員が起立斉唱することを義務付けるものであった。

　続いて橋下知事は8月17日、大阪維新の会として9月の大阪府議会、大阪市議会、堺市議会に「職員基本条例案」「教育基本条例案」を提出すると発言し、大阪維新の会は8月22日にその概要を発表した。これらの条例案は自治体職員や学校教職員の権利を著しく制約し、トップダウンで首長の指示に有無をいわせず従わせることをその内実とするものであった。

　両条例案はその極端な内容とともに、憲法や法律への抵触が明らかであったため、多くの批判と反対を招いた。中本和洋・大阪弁護士会会長（当時、現日本弁護士連合会会長）は 9 月 14 日、「教育基本条例案」は憲法に違反するとの声明を公表。大阪市議会は 9 月 30 日、維新の会議員団が提出した条例案を維新以外の全会派の反対で否決した。大阪府教育委員会のうち教育長を除く 5 委員は、「教育基本条例」が可決されれば辞職するとの声明を発表した。両条例制定の動きは橋下の知事辞職でいったん途切れるが、大阪ダブル選挙に維新が勝利すると再び本格化する。

　松井知事は 11 月 29 日、初登庁した際に、両条例を年度内に制定させると表明する。教育基本条例案の「知事が教育目標を設定する」という規定は法律違反のおそれがあるとの文部科学省の指摘を踏まえ、条例案の修正に府教委を関与させ、「教育行政基本条例案」「府立学校条例案」「職員基本条例案」に整理した。そして、知事提出の条例案として 3 月 23 日の府議会で可決・成立された。大阪市議会においても橋下市長は 2 月 28 日、府と同様の君が代起立条例を制定させたうえで、3 月 16 日に「教育行政基本条例案」「市立学校活性化条例案」「職員基本条例案」を市議会に提出。一部修正のうえで「教育基本条例」と「職員基本条例」については 5 月 25 日の市議会で、「市立学校活性化条例」については 7 月 27 日の市議会で成立させた。

　これらの条例は主要には自治体職員や公立学校教職員の職員政策に関するものといえるが、西谷敏・大阪市立大学名誉教授は、「橋下市政の職員像と労働組合観−職員基本条例・労使関係条例案をめぐって−」（『市政研究』2012 年夏 176 号）で、大阪市職員基本条例の分析を通して、これらの条例が意図するのは、「①上層部を市長の支持者で固め、②職員を極端な能力・成果主義管理と厳罰主義で縛り上げることによって、市長みずから「独裁」と称する極端なトップダウンの行政組織を作り上げ、それによってまた、③大胆なリストラや賃金引き下げを可能にしようとするもの」（p.50）と要約して

いる。なお、西谷論文のタイトルにある「労使関係条例案」とは、大阪市職員の政治活動や労働組合活動を制限するために橋下市長が制定した諸条例の総称であり、「職員の政治的行為の制限に関する条例」「労使関係に関する条例」「政治的中立性を確保するための組織的活動の制限に関する条例」の3本の条例案にまとめ、7月27日の市議会で成立させたものである。

　しかし、橋下市長はこうした条例の整備で職員の政治活動や労働組合活動を規制しただけではない。より直接的に組合活動に介入し、妨害し、弾圧を行った。労働組合はこうした攻撃に対しては、労働委員会への申し立てや裁判でたたかった。市長に就任した橋下は2011年12月28日の施政方針演説で「大阪市職員が民意を語るのは許さない。民意を語るのは公選職、選挙で選ばれたものだけだ」「公務員の労働組合をのさばらせておくと国が破綻する」「労働組合の適正化に執念を燃やす」などと述べ、組合活動への支配介入を宣言する。そして橋下はこの宣言通り、2012年1月以降、大阪市労連などに対して会議室やロッカー使用、庁舎内事務所スペースの貸与など一切の便宜供与取消を指示し、1月30日には組合事務所の市庁舎からの退去を勧告した。また2月9日には組合活動に関するアンケート調査を「業務命令」として全職員に強制した。さらに2月下旬には労働協約締結権を有する現業職員の労働組合に対して、労働協約改定の労使交渉を行うことなくチェックオフ（組合費の給与天引き）廃止を一方的に通告した。大阪市労連及び関係労働組合は、強制アンケート、組合事務所退去、事務所退去通告に関する団交拒否、チェックオフ廃止通告、労働協約破棄等、計6件の不当労働行為救済申し立てを行い、大阪府労働委員会はすべてを不当労働行為と認定した。大阪市は命令を不服として再審査を申し立てたが、中央労働委員会においても不当労働行為の成立が認定された。強制アンケートと事務所退去については裁判所に提訴され、いずれにおいても大阪市は損害賠償の支払いを命じられた。橋下市長による労働組合への支配介入は、労働委員会においても裁判に

おいても不当違法なものとして断罪された。当然の結果とはいえ、こうした認定や判決は簡単に得られたのではなかった。労働組合の粘り強い取り組みはもとより、労働者弁護団の献身的な支援があって初めて勝ち取られたものであったといえる。しかし、大阪市は一連の労使関係条例が制定されたことを盾に、チェックオフの再開や事務所の貸与はおろか、これを議題とする団体交渉にすら応じようとしていない。日本国憲法の保障する働く者の権利すら否定する、反民主主義的な維新政治の本質が露骨なかたちで姿を現した出来事であった。

　ところで、これらに関連して維新の大阪市議団が条例案まで示して、市議会に提出するとしていながら、最終的に撤回に追い込まれた「家庭教育支援条例案」についても触れておく。維新が撤回を表明したのは5月7日。撤回に至った理由は、条例案が発達障害の原因を親の育て方や愛情不足にあるとし、我が国の伝統的な子育てによって発達障害は「予防、防止」できるという偏見に満ちた家庭教育観に基づくものであったためだ。専門家や保護者からの抗議が相次ぎ、維新市議団も撤回せざるを得なくなった。しかし、この時には旧統一教会やその関連団体が地方議会に家庭教育支援条例制定および国に対する家庭教育支援法制定を求める意見書の採択を求める活動を強めていることとの関連は問題視されなかった。家庭教育支援条例は2012年に熊本県が全国で初めて制定しており、大阪維新市議団の動向もこれら一連の動きと無関係とは考えにくい。維新と旧統一教会の関係は、今一度検証の必要があるのではないだろうか。

3）　湯浅誠の来阪と「AIBO」の活動

　2012年になり、ひとつの市民運動が大阪で展開される。年越し派遣村村長として知られた社会活動家で現在は東京大学特任教授でもある湯浅誠が活

動の拠点を大阪に移し、大阪で市民活動を担う人たちをつなぐ組織「AIBO」（ア
イボウ）を立ち上げ、約半年間にわたって活動を行ったのだ。湯浅はこの活
動の意義と目的を著書『ヒーローを待っていても世界は変わらない』（2012
年8月、朝日新聞出版）にまとめている。毎日新聞は「同書は、近年、有権者
が自ら政治を考える余裕を失い既得権益層を敵と名指しして成敗する『ヒー
ロー』型政治家が人気を集めているとする。代表格が小泉純一郎元首相や橋
下徹大阪市長という。ヒーローに政治を委ねる心理は、民主主義の空洞化や
格差・貧困の深刻化と連動していると見る」（「毎日新聞」2012年8月20日朝刊）
と紹介している。

　湯浅はこうしたヒーローに依存する民衆心理が生まれるのは、貧困や孤立
した生活を強いられている人たちに、自らの問題を社会に訴える時間的経済
的余裕すらないことが原因であるからだと分析する。そこで湯浅らはヒー
ローを待つのではなく、直面している社会問題の解決に誰もが自分が主体と
なって取り組める基盤を民主主義のインフラとして社会に構築し、市民が声
を上げるためのハードルを低くする必要があると訴えた。

　つまり「AIBO」とは、それ自体が何らかの運動を行う運動体ではなく、イ
ベントの開催や広報活動を通じて多様な市民運動に発信の場を提供すること
で各運動を支援するとともに、運動団体間のネットワークの形成をめざすも
のであった。湯浅らの活動はこの時には大きな広がりには発展しなかったが、
「AIBO」に集った市民活動グループはその後も大阪においてリベラルな運動
を担い続けている。また、様々な組織がお互いの主張の違いを認めつつ緩や
かに連携していく運動スタイルは、都構想に反対する住民投票運動などに結
実していくことになる（詳しくは59ページ参照）。

2　大阪都構想第 1 回住民投票の実施と「否決」

1)　「都構想」挑戦へ始動

　2012 年 8 月 29 日には都構想実現に道を開く「大都市地域における特別区の設置に関する法律（以下、特別区設置法と略）」が議員立法で成立する。同法の成立には、維新の会への既成政党の不安が垣間見える（特別区設置法の成立の問題性については P63 および P67 を参照）。一方、維新は都構想の実現が可能となる法律ができれば国政進出はしないとの前言をあっさり翻し、国政進出を本格化させる。また、12 月 16 日の総選挙で自民党が圧勝し、維新の会は 54 議席で第 3 党に躍進する。一方、民主党は 57 議席と惨敗し政権を失う。そして 12 月 26 日に第 2 次安倍政権が誕生する。安倍・菅と橋下・松井の蜜月時代のスタートである。

　特別区設置法の成立を受けて、府市は推進協議会を「大阪府大阪市特別区設置協議会（以下、法定協議会と略）」に衣替えし、2013 年 2 月 27 日に第 1 回法定協議会開催にこぎつける。しかし、都構想に対する大阪市民、大阪府民の理解が深まったとはいえない。2013 年 9 月 29 日に実施された堺市長選挙では、都構想反対を鮮明にした現職の竹山修身が、維新公認候補を破って 2 期目の当選を果たした。維新公認候補は選挙戦において、都構想を選挙の争点から隠したが、堺市民が都構想を拒否したことは明らかだった。

　堺市長選挙直後の 2013 年 11 月、泉北高速鉄道などを運営する OTK（大阪府都市開発株式会社）の株の購入について、アメリカの投資ファンドであるローンスターが優先交渉権を獲得するという問題が発生する。売却先が外

資系企業であることに沿線住民から反対の声が上がった。堺市議会は 12 月
4 日、大阪府に対して白紙撤回を求める決議を採択し、和泉市議会も同様の
決議を採択する。そして大阪府議会は 12 月 16 日、この議案を反対多数で
否決する。この時、維新の会府議団から 4 人の造反者が出た。維新の会はこ
の 4 人を翌日、除団処分としたため、府議会における過半数を失うことにな
る。

　一方、知事時代に府市水道統合に失敗した橋下は大阪市長に就任すると、
大阪市を除く府内 42 市町村と大阪府が設立した大阪広域水道企業団への大
阪市水道事業の統合を提案するが、2013 年 5 月 24 日の大阪市議会で否決
される。大阪市保有資産を企業団に無償譲渡しなければならず、水道料金の
維持も担保されないことで、市民にメリットがないとされたためだ。これに
反発した橋下は、一転して「水道民営化」をめざすと発言。大阪市戦略会議
は同年 11 月、市が土地・施設を保有したまま水道事業の運営は民間企業が
行う「上下分離方式」の民営化案の素案を取りまとめた。その後実施したパ
ブリックコメントでは多くの市民から反対意見が寄せられた。それでも橋下
市長は 2015 年 3 月の大阪市議会に公共施設等に運営権を設定できる（つま
り上下分離による民営化が可能となる）条例改正案を提出し、強引に民営化
を推進しようとするが、維新以外のすべての会派が反対したため反対多数で
否決される。背景には水道民営化に反対する市民の粘り強い運動があった。
なお、大阪市の水道民営化問題については、ここでも前掲の辻谷論文（『市政
研究』2022 夏 216 号）を参考にした。

2)　橋下「出直し選挙」から住民投票強行へ

　都構想に話を戻す。法定協議会は設置されたものの、維新は委員の過半数
を確保していないため、協議は難航する。維新は 2014 年 1 月 31 日、第 13

回法定協議会で大阪市廃止に伴う特別区の分区案の絞り込みについて採決を強行するが、反対多数で否決される。これを受けて橋下は市長を辞職し、「出直し選挙」に打って出ると表明する。維新以外の各会派は出直し選挙に大義がないとして、候補者擁立を見送りボイコットを決定する。このタイミングで朝日新聞と ABC テレビが行った大阪市民を対象とした世論調査では、出直し市長選挙実施については反対が 56%（賛成 34%）、「都構想に反対する議員を法定協議会から排除する」という橋下の選挙公約については反対が 63%（賛成 18%）に上った。また、橋下の支持率も 50% を下回った。しかし、橋下は出直し選挙に固執し、3 月 22 日に実施される。結果は橋下が当選したものの、23.59% という記録的な低投票率で、次点は「無効票」となるなど橋下の行動が支持されたとはいいがたい結果となった。

　それでも出直し選挙で「当選」した橋下は、「公約」通り反対派議員を排除した法定協議会を再開し、7 月 23 日に開催した第 17 回法定協議会で「特別区設置協定書」を決定する。しかし、この時点で大阪維新の会は大阪府議会、大阪市議会において単独過半数を占めておらず、協定書は 10 月 27 日、府市両議会において反対多数で否決される。

　これで都構想議論は終わったかに思われたが、ここで奇妙な政治的な動きが起こる。読売新聞は 11 月 9 日、安倍首相が消費増税を先送りする場合、年内の解散・総選挙を行うのはほぼ確実と報じる。その直後の 11 月 12 日、橋下は「公明党にやられたまま人生を終わらせることはできない。やられたらやり返す」として、想定される総選挙に松井知事とともに公明党が議席を持つ選挙区から立候補することを強く示唆した。報道陣から「出馬すれば市長を投げ出すのかと批判を受けるのでは」と問われても、「僕の人生だから」とつっぱねた。衆議院は 11 月 21 日に解散され、12 月 2 日公示、14 日投開票で総選挙が行われるが、結果的に橋下、松井は立候補しなかった。一連の橋下、松井の動向は様々な憶測を呼んだが、この時点では事の真相は明ら

かではなかった。

　翌年の2015年4月には統一自治体選挙が予定されていた。二者択一的な争点を突き付けて対立を煽る政治に対抗して、熟議民主主義の重要性を訴え、保守とリベラルの融合を促しながら、幅広い政治勢力の結集をめざす市民主導の政治団体「府民のちから2015」が2014年12月20日に結成される。結成集会では中島岳志・北海道大学准教授（当時、現東京工業大学教授）が「リベラル保守という構想─民主主義を機能させるために」と題する記念講演を行い、竹山修身堺市長、田中誠太八尾市長、倉田薫前池田市長（すべて当時）らが駆けつけた。「府民のちから2015」には府内の首長や地域団体、医師会や歯科医師会、労働団体などの有志が集い、維新政治に対抗して議会活動を行う自民会派や民主会派の次期統一自治体選挙の予定候補者を支援した。

3）　公明党の豹変と第1回住民投票の「否決」

　読売新聞は12月26日、公明党が一転して都構想の住民投票に賛成すると報じた。25日の夜に橋下、松井と佐藤茂樹・公明党大阪府本部代表らが密談し、公明党は党本部の意向を受けて賛成に転じたと報じたものだった。報道通り年末の12月30日、第20回法定協議会が急遽開催され、その場でⅰ）第21回法定協議会を翌年1月13日に開催し、両議会で一度否決された協定書を変更することなく再び取りまとめること、ⅱ）2月の府議会、市議会に再提案すること、を維新と公明の賛成多数で決定した。

　年が改まった2015年1月13日、第21回法定協議会が開催され協定書が取りまとめられた。大阪市議会は3月13日に、大阪府議会は3月17日に、ともに維新と公明の賛成で協定書を議決した。これを受けて大阪市選挙管理委員会は住民投票の告示日を4月27日、投開票日を5月17日と定めた。

　注目された統一自治体選挙は4月12日に前半戦が実施された。大阪府議

会、大阪市議会、堺市議会のいずれも大阪維新の会が第一党になったが、今
回の府議選では「府民のちから 2015」の支援も得た自民党会派が善戦し、
維新の会は過半数を確保することはできなかった。一方、民主党会派は府議
選で 1 議席（枚方選出の中村哲之助府議）を確保したのみで、大阪市議選で
は公認候補は議席を得られず（無所属で立候補した 3 人は当選）、壊滅的と
もいえる敗北を喫した。なお、4 月 26 日に実施された後半戦では、吹田・八尾・
寝屋川の 3 市長選挙で維新候補が敗退。民主は後半戦でも厳しい結果となっ
たが、一定の踏ん張りを示した。

　統一自治体選挙を経た後の大阪における政治の争点は、都構想の是非を問
う住民投票に移った。この住民投票をめぐる活動は都構想に賛成の側も反対
の側もまったくの初めての経験であり、とりわけ反対運動は組織主導の選挙
運動とは異なり、住民の自発的な活動を中心に展開された。住民投票は 5 月
17 日に実施された。結果は、反対 705,585 票が賛成 694,844 票を上回り、
わずか 0.8 ポイントの僅差ではあるが否決され、大阪市の存続が決定した。
否決されれば辞めると公言していた橋下は、市長任期満了をもって政界を引
退すると表明した。なお、住民投票運動の分析については次の 3 節で詳しく
述べる。

4）「大阪会議」の失敗と維新の復活

　住民投票での都構想「否決」を受けて、自民党は 6 月、大阪府・大阪市・
堺市による「大阪戦略調整会議（略称、大阪会議）」の設置条例案を提出した。
既に 2014 年の地方自治法改正において指定都市制度が見直され、総合区制
度の導入と指定都市都道府県調整会議の創設が規定されていた。自民党は住
民投票以前から都構想によらない二重行政解消策としてこの調整会議の活用
を提唱していた。ちなみに総合区制度とは、行政区長を一般職から議会の承

認が必要な特別職に格上げし、行政区に予算編成権や人事権を付与するというもので、後に公明党が都構想の対案として導入を提唱することになる。

維新はこの提案を都構想に対する自民党の「対案」と位置づけ、条例案に賛成した。本来、指定都市都道府県調整会議は自治法改正により自動的に設置されているとされ、具体的な施策の推進に関して、指定都市と都道府県の間の二重行政の問題を解消し事務処理の円滑化を図るために必要な場合に協議が行われるものである。しかし、大阪会議はいわば常設の会議体として具体施策にかかわる二重行政の解消のみならず大阪の政策全般を議論する場とされた。

【参考】

大阪戦略調整会議設置条例

（協議事項）第4条

　大阪会議は、次に掲げる事項及び二重行政（府と大阪市又は堺市が類似の行政サービスを提供し、かつ、当該サービスが供給過多になっているもの又は共同して取り組めばさらに当該サービスの水準の向上が期待できるものをいう。）の解消が行政課題となる事項について、府、大阪市及び堺市がそれぞれ果たすべき役割、連携の方法などについて協議する。

　　一　成長戦略
　　二　産業振興
　　三　交通政策
　　四　環境政策
　　五　都市魅力
　　六　まちづくり（拠点開発）
　　七　前各号に掲げるもののほか、大阪会議が協議すべきと認めた事

　しかし、都構想をめぐって激突したばかりの情勢で、こうした会議体を設置しても建設的な議論が期待できる状況ではなかった。大阪会議は7月24日に第1回会議が開催されたものの、会議は紛糾し、実質的な議論に至らないままに、9月28日の第3回会議を最後に開催されなくなり、2019年6月に廃止された。結果的に大阪会議は橋下市長によって「ポンコツ会議」と揶揄され、都構想再挑戦発言を許す口実となった。もっとも首長や議員が所属会派の主張にのみ拘泥し、それが通らなければ口汚く相手を論駁することに終始するのであれば、どのような会議体を設置しても実りある成果は得られない。本来、自治体の首長や議員は自己の政治的立場があったとしても、対立する立場や主張を認めたうえで、自治体や住民全体の利益を優先して合意点を探る姿勢がなければ地方自治における民主主義は成り立たない。言いかえれば、お互い半分の真理しか持ち合わせていないことを認めあう精神、つまり民主主義の肝は寛容の精神にこそ宿るということであろう。逆に言えばこうした政治風土が醸成されれば、大阪会議も有効に機能したかもしれない。しかし、維新が首長と議会の多数を握っている状況下においては、こうした寛容の精神を尊重しようという余地はまったくといっていいほどなかった。結果的に都構想再挑戦発言を許してしまったことを鑑みると、大阪会議は時期尚早な提案であったということになる。

3　住民投票をめぐる投票運動の分析と
住民投票制度の問題点

1)　投票結果と住民投票の問題点

　大阪市の廃止、特別区への分割の是非を問う住民投票は、4月27日告示、5月17日投開票で執行された。結果は既述の通り「反対」705,585票（50.38%）、「賛成」694,844票（49.62%）で僅差ながら反対票が上回り、大阪市は存続されることになった。なお、投票率は66.83%で極めて高率であった。平松・橋下の一騎打ちとなった2011年の大阪市長選挙でも投票率は60.92%だったが、当時この投票率は40年ぶりに60%を超えたものとして驚きをもって受け止められた。住民投票はこの投票率を約6ポイントも上回ったわけだ。ここではまず、政令指定都市・大阪市の存廃を大阪市民に問うという前代未聞ともいえる住民投票の特徴を整理する。その上で、維新による「賛成」の取り組みと市民による「反対」運動の状況を対比しつつ、当時の大阪の政治状況について考えてみたい。少し長くなるが、大阪の政治にとって重要な分水嶺であり、現在にも大きな影響を及ぼし続けている問題でもあることから、詳しく見ていきたい。

　一般的には、住民投票とは住民の生活に重大な影響を与える事項について、直接住民の意思を確かめるために実施されるもので、手続き的には、自治体が進めようとする何らかの政策に反対する市民が提起し、直接請求署名（有権者の50分の1以上で成立）などを通じてその実施を迫るものをいう。この場合、首長は自身の意見を付したうえで、議会を招集し審議のうえ、その

結果を公表しなければならない。しかし、住民投票の実施が義務付けられるわけではない。実施する場合には、個別の住民投票条例が制定される必要がある。また、投票の結果、当該政策に「反対」の投票が過半数を超えても、法的強制力はない（諮問型住民投票条例）。あくまで参考意見の位置づけであり、最終決定は議会に委ねられる。場合によっては、投票率が一定率に達しない場合、開票すら行わないと条例で規定される場合もある。

　しかし、特別区設置法に基づく住民投票はこれと全く異なる。少し煩瑣になるが、特別区設置法に基づいて住民投票までのプロセスを整理しておく。まず、特別区設置を申請しようとする関係市町村（ここでは大阪市）及び関係道府県（ここでは大阪府）は特別区設置協定書の作成のほか、特別区の設置に関する協議を行う特別区設置協議会（法定協議会と略）を設置しなければならない（法第四条）。設置には府市両議会での議決が必要であるが、それは二分の一の賛成で議決できる。なお、法定協議会の会長及び委員については「関係市町村若しくは関係道府県の議会の議員若しくは長その他の職員又は学識経験を有する者の中から、これを選任する」とされている（法第四条2）。法定協議会は特別区設置協定書案の取りまとめを行うわけだが、協定書には次の事項が定められていないといけない（法第五条）。

　一　特別区の設置の日

　二　特別区の名称及び区域

　三　特別区の設置に伴う財産処分に関する事項

　四　特別区の議会の議員の定数

　五　特別区とこれを包括する道府県の事務の分担に関する事項

　六　特別区とこれを包括する道府県の税源の配分及び財政の調整に関する事項

　七　関係市町村及び関係道府県の職員の移管に関する事項

> 八　前各号に掲げるもののほか、特別区の設置に関し必要な事項

　上記の五号、六号に関して法制上の措置が必要なときは事前に総務大臣と協議し、所要の措置を講ずる（法第五条2、3）。協定書案がまとまったら総務大臣に報告する。総務大臣は内容を検討したうえで、必要であれば意見を述べる（法第五条4、5）。こうして協定書が取りまとまれば、法定協議会は協定書を知事及び市長に送付する（法第五条6）。協定書を受理した知事及び市長は総務大臣の意見を添えて、速やかに議会に付議し承認を求める（法第六条）。知事及び市長は議会の議決結果を法定協議会に報告する（法第六条2）。協定書案が承認されたとの報告を法定協議会が受けた日を「基準日」とし、直ちに大阪市選挙管理委員会及び総務大臣に通知し、協定書を公表する（法第六条3）。大阪市の選挙管理委員会は基準日から60日以内に住民投票を実施しなければならない（法第七条）。そして住民投票の結果、「有効投票の総数の過半数の賛成」があったときは、大阪府市は総務大臣に特別区の設置を申請し（法第八条）、総務大臣が特別区設置を定める（法第九条）、という手続きである。

このように、住民投票の実施を決定するのは関係議会（この場合は大阪府議会と大阪市議会）の議決である。次に住民に問われるのは法定協議会がとりまとめ関係議会が議決した「協定書」に賛成か反対かである。協定書とは、いわば特別区の設計図であり、上述の8項目を含む特別区の骨格を規定した膨大なものである。

　この協定書の内容上の問題点は「大阪の自治を考える研究会」として発行したブックレット『いま一度考えたい大阪市の廃止・分割　その是非を問う住民投票を前に』（2015年、公人の友社）で詳しく論じているのでここでは触れない。問題はこの膨大な協定書に対して、ある部分には賛成、ある部分には反対などという意思表示はできず、大阪市の廃止・特別区への分割に対す

る「賛成」または「反対」としか投票できない。そのため投票用紙も特別区の設置に対する賛否だけが問われるものである。なお、この投票用紙については、大阪市の廃止が明記されていないことに抗議する声が上がった。これについてはこの後の５）で詳述する。

　また、住民投票は公職選挙法に準じて実施されるとされたため、候補者の中から議員を選ぶ選挙との違いが考慮されたものとならなかった。これが賛成及び反対運動に混乱を生じさせた。これについても後述する。最後に、これが最も重要な点であるが、この住民投票は一般の住民投票と異なり、法的拘束力を伴うということである。しかも投票率は関係なく、低投票率であっても１票でも多い方の意見が採択される。つまり「賛成」が１票でも上回れば大阪市の廃止分割は決定される。ひとたび政令市が廃止され特別区に分割されると、再び特別区を政令市に戻す法律はなく、二度と大阪市は復活できない。一方、「反対」多数で否決され、大阪市の存続が決定されても、特別区設置法が存続する限り、法的には何度でも住民投票に問うことができる。実際に維新は５年後の 2020 年にも微修正を加えただけの協定書を再び住民投票に付すことになる。この住民投票も「反対」多数で否決されることにはなるのだが。

2）　都構想反対運動の基盤

　次に住民投票をめぐる賛成、反対それぞれの運動を見ていく。先ず、反対運動から見る。その前に、維新が登場する前の大阪における市民運動や住民活動について概観しておく。こうした市民運動、住民活動の担い手が都構想反対の運動の中心を担うことになるからだ。ここでは「市民運動」を労働運動や人権運動などリベラルな運動を念頭に、「住民活動」を連合町会活動などコミュニティに根差した活動を念頭に用いている。大阪は、いまもそうだ

が、決して市民運動や住民活動が不活発な土地ではない。東京に次ぐ大都市で企業も集積しており、労働組合も多くその活動も伝統的に活発な地域である。また、部落差別をはじめあらゆる差別に反対して人権運動を推進する部落解放同盟の活動の全国的拠点のひとつでもある。障害者が地域で自立して生活する権利の確立をめざす障害者運動も全国に先駆けて展開されてきた。また、日本最大の日雇い労働者の町である「釜ヶ崎」を擁し、生活保護率も全国一高い大阪市は、反貧困運動の拠点でもある。リーマンショック以降に発生したネットカフェ難民など仕事とともに住まいを失った人たちへの支援活動も先駆的に取り組まれていた。しかし、これらの市民運動が 21 世紀に入り一定の停滞を強いられていたのも事実である。例えば労働組合はバブル崩壊以降の経済の長期停滞の中で、雇用の削減などによる組織率の低下、組合員数の減少に直面していた。一方で激増した非正規労働者の権利擁護の課題を十分には取り組めずにいた。部落解放運動は、2002 年の地域改善対策特別措置法の期限切れによる同和事業の収束が部落差別の再拡大や人権行政の後退につながらないように苦闘していた。こうした市民運動を維新は「既得権益」と一刀両断の下に否定した。

　大阪市は戦後、GHQ によって解散させられた隣組をいち早く地域の相互扶助組織である日赤奉仕団に再編した歴史を有しており、それが現在の地域振興会活動につながっている。この伝統は今も受け継がれており、大阪市内の、特に住宅地の多い周辺区は、郊外の新興住宅地とは違い、意外なほど地域コミュニティの紐帯が強く、昔ながらの地域活動が継承されていた。地域振興会は区単位、校区単位、近隣の班単位に階層化され、町会の名で親しまれてきた。それを支えてきたのが校区単位の連合町会長をはじめとする地域ボランティアたちだった。「区民まつり」をはじめとする地域の行事や青少年の健全育成、防災・防犯活動などを通じてコミュニティの活動を支える人たちにとっては、大阪市への思い以上に身近な地域コミュニティで構成される行

政区に対する愛着が強い。都構想は大阪市を廃止するとともに、24の行政区を束ね５つの特別区に再編するものであるため、町会長たちには抵抗が強かった。しかし、地域振興会も担い手の高齢化やマンションの増加に伴う未加入者の増加など厳しい状況におかれていた。そこに維新が登場し、地域振興会も「既得権益」と名指され、様々な行政支援の見直しが強行された。その他にも関西・大阪財界の活動や医師会、歯科医師会、商店街振興組合、様々な宗教団体なども質量ともに日本第２の都市にふさわしい活動を展開していた。しかし、関西・大阪経済の沈滞はそれぞれの組織活動にそれなりの影を落としていた。

　これら市民運動、住民活動を担う組織は一般にアソシエーションと呼ばれる。アソシエーションは自己の権利擁護活動も行うが、公共的公益的機能も担う。例えば労働組合は賃金や労働条件の向上を求めて権利主張を行う。それ自体は法的に保障された活動であり、何ら問題はないし、当然の権利主張である。しかし、労働組合の活動はそれのみにとどまらない。現代社会に生起する様々な問題について、勤労者の立場から意見表明を行い、必要とされればボランティア活動も担う。一方、町会などの地域組織も様々なルートで地域要望の実現のために活動するが、それは決して個人や狭い集団の利益のためではなく、地域住民の福祉の増進に資するからであり、そうであるがゆえに役員たちは地域のお世話役として機能し、尊敬や感謝を集めるのである。

　こうした社会をつなぐ中間組織の活動が活発なときには、政治は様々なアソシエーションの要望を代弁する中間組織や政党間の意見調整を通じて実現することができた。しかし右肩上がりの時代が終わり、社会の二極化とともに、こうした中間組織の社会に及ぼす影響力が弱体化してきた。一方で、自己の権利を代弁してくれる組織を持たず、自己の権利が「既得権益集団」としてのアソシエーションに侵害されていると受け止める層が拡大していた。既成政党が支持を失い、維新が伸長する背景にはこうした社会構造の変化が

あったといえる。

　もっとも大阪においては歴史的にみて、戦後政権政党であり続けた自民党や野党第一党の位置にあった社会党、そして後継とみなせる民主党の支持は強くなかった。1986年から3期にわたって参議院議員を務めた元漫才師の西川きよしは、3回の選挙に無所属で立候補したが100万票前後の得票で圧倒的な強さを見せた。芸能人出身で参議院議員を経て1995年の大阪府知事選挙に無所属で立候補した横山ノックは、自民、社会、公明などが推薦した官僚出身候補に圧勝した（なお、横山ノックは2期目選挙でも圧勝で当選するが、選挙期間中のセクハラ事案をめぐって強制わいせつ罪で起訴され、1年足らずで辞職する）。こうした大阪人の「民意」は、彼らがいわゆる「お笑い芸人」出身であったがゆえに「お笑い百万票」などと揶揄されたが、一方で自民党や社会党、民主党の力量不足に起因しているところも否めない。市民運動や住民活動の活発さに比して、そのエネルギーを吸収しきれない、これらの政党の足腰の弱さこそ大阪の政治状況の特質といえるかもしれない。

3）　多様性を発揮した反対運動

　次に、具体的に反対運動を担った陣営の姿を素描する。既述の通り住民投票の告示日は4月27日、投開票日は5月17日と定められた。4月12日に大阪市議会議員選挙が終わると、自民党や民主党、共産党の各政党会派は、選挙事務所や街宣車をそのまま都構想反対運動に活用した。民主党は先に述べた通り、この統一自治体選挙で多くの議席を失ったが、落選した議員も撤退することなく反対運動の一翼を担った。また、公明党は住民投票の実施には賛成したものの、水面下では都構想に反対の立場で活動する動きが目立った。

　統一自治体選挙に向けて反維新政治勢力の結集をめざして設立された「府

民のちから2015」は、これら各政党会派や市民による反対運動の連絡調整役を担うとともに、独自に都構想反対を訴えるビラの配布やポスター、ステッカーの掲示に取り組んだ。また、街宣車を数台確保し、連合大阪組合員のボランティアにより投票日当日まで連日、運行した。特にカラフルな掌のイラストに「We Say NO! 5.17 Osaka」というキャッチフレーズを付したロゴマークを制作し、反対運動を行う団体、個人が自由に使用できるようにしたことは、多様な観点から都構想に反対する団体・市民を幅広く横につなぐ役割をはたせたという意味で有効な取り組みであった。

　そうした中で若者たちのグループSADL（サドル、民主主義と生活を守る有志）による反対運動が注目された。格差社会へのストレートな異議申し立てが新鮮で、彼ら彼女らが「フライヤー」と呼ぶ凝ったデザインのビラやアップテンポでリズミカルなデモのコール、原稿が入ったスマートフォン片手の練りに練ったスピーチ、SNSを駆使した情報発信など、ひとつひとつの活動を徹底したこだわりをもって作りこむ活動スタイルは、市民運動の新しい時代の到来を感じさせた。また、組織形態もピラミッド型ではなく、ネットワーク型であり、メンバー一人ひとりの個性が際立っていた。

　2011年の大阪市長選挙で橋下に敗れた平松邦夫・前大阪市長は、選挙後も都構想反対を掲げて発信を続けていた。住民投票においては、MBSアナウンサーとして平松のかつての同僚であった斎藤努・羽衣国際大学名誉教授らとともに「翔の会」を結成し、中小企業経営者で「大阪市分割解体を考える市民の会」を結成した中野雅司・同会世話人らと連携して活発な「反対」運動を展開した。

　また、学者たちの発信も活発に行われた。藤井聡・京都大学大学院教授を筆頭に、各専門分野の立場から都構想への反対が表明された。これらは反対運動の理論的支柱となり、説得のための大きな武器となった。住民投票後に出版された『大都市自治を問う　大阪・橋下市政の検証』（2015年、学芸出版社）

という著書に論考を寄せた学者たちをその代表的な研究者として紹介しておく。藤井聡・京都大学大学院教授（都市社会工学）、村上弘・立命館大学教授（行政学・政治学・地方自治論）、森裕之・立命館大学教授（地方財政論・地方自治論・公共政策論）、小野田正利・大阪大学大学院教授（教育制度学）、河田恵昭・関西大学社会安全センター長・教授（防災学）、北本修二・弁護士（労働法）、中山徹・奈良女子大学教授（都市計画学・自治体政策学）、本田哲夫・大阪市立大学教授（地域経営論・中小企業論）、薬師院仁志・帝塚山学院大学教授（社会学）（なお、肩書は出版当時）。

　コミュニティの町会を単位とした地域振興会は都構想反対を決め、地域からの反対運動を展開した。4月14日から各区で開催された大阪市主催の住民説明会に積極的に参加し、反対意見や質問をぶつけた。しかし、こうした意見・質問に対する市の対応はなおざりであったため、公平性に問題があるとの指摘を行った。これに対し橋下市長は「反対派が意見を言う場ではない」と主張し、説明会の質疑時間を短縮した。この対応に対して、市議会野党4会派幹事長は住民説明会を公正・中立に行うよう橋下市長に申し入れ、大阪弁護士会の有志73人は説明会が賛成の誘導になっており、「橋下市長の説明は公務員の地位利用による運動の禁止に該当する」との抗議文を提出した。また、大阪市の説明会が賛成に誘導するものであることに抗して、自民、民主、公明などが連携して都構想に反対する集会が市内24カ所で開催され、多くの地域住民が参加した。

　投票日が近付くと反対運動も熱を帯びた。連合大阪は5月1日の大阪地方メーデーで参加者全員が「We Say NO！」のロゴマークの付いたポスターを掲げ、気勢を上げた。週末には大規模な集会やデモが取り組まれ、街頭でのビラ配布なども拡大していった。都構想反対を訴えた手書きのポスターを自宅前に掲示する市民も現れた。新聞報道も増え、テレビも賛成、反対の代表者による討論番組を放映した。多くの討論番組に反都構想の立場で出演した

柳本顕・自民党大阪市議団幹事長（当時、現自民党衆議院議員）は、決して感情的にならず理路整然と都構想の問題点を指摘した。その姿が反対派を代表する論客として注目されていく。

4）橋下市長を先頭に豊富な資金力で賛成運動

　では、「賛成」運動はどうであったか。もともと都構想実現をめざすような市民の運動は存在しなかった。あくまで大阪維新の会による「賛成」投票を呼び掛ける取り組みとして展開された。反対派からみて驚かされたのはその資金力であった。連日のように新聞折り込みビラが配布され、ポスターも数種類のものがわずかの期間にかけ替えられた。運動員は「賛成」の吹き出しの入ったオレンジ色のTシャツに身を包み、街頭宣伝活動を行っていたが、聞いてみるとほとんどが学生アルバイトだった。もっとも驚かされたのはテレビコマーシャルだ。ゴールデンタイムも含め頻繁に放映された。橋下市長がそのTシャツ姿で登場し、にこやかに「賛成」を呼び掛ける。コマーシャルだけにいつ放映されるかが分からず、反対派にとってはすこぶる心臓に悪いものであった。さらに無差別に電話をかけ、録音したテープを流すという宣伝活動も実施していた。受話器を取るといきなり橋下が語りかけてくるというもので、家庭電話だけでなく会社や公共施設にも無差別でかかってきた。街宣車もガラス張りのものなど派手で高価そうなものが投入されていた。

　あるマスコミ関係者によると、この住民投票で維新が流したテレビコマーシャルの頻度だと認知度が80％に達するらしい。認知度が80％を超えると好感度（支持率と言い換えてもいい）は概ね20％アップするという。住民投票が決まるまでの世論調査では、概ね反対が20％リードしていたから、これをひっくり返す戦略のつもりだったのかもしれない。反対運動の側も資金をかき集めてテレビコマーシャルを作ったが、放映時間はゴールデンタイ

ム以降の遅い時間に限られ、放映回数もわずかだった。資金力の差は歴然としていた。そしてその効果は投票日を前に如実に表れてくる。期日前投票におけるマスコミの出口調査では当初「反対」票が優勢であったが、前日の土曜日には拮抗、投票日当日の午後からは「賛成」が逆転していたらしい。開票結果は既述の通り反対が辛くも多数を獲得し、都構想＝大阪市廃止、特別区への分割は「否決」された。

5)　特別区設置法の問題点

　反対多数による「否決」という結果に安堵しつつも、住民投票という政治決戦を現場で体験した者として、この住民投票のあり方に対して釈然としない思いが強く残った。以下に最も重要と考える二点について述べる。

　第一に、投票の成立要件が関係議会（大阪都構想の場合は大阪府市の議会）の協定書議決によって決まり、議決は過半数で決するという点である。例えば憲法改正の発議は両院において３分の２以上の賛成が必要である。自治体議会においても、先述のWTCへの府庁舎移転問題で触れたが、府庁舎の移転ですら３分の２以上の賛成が求められた。後述する大阪市営交通の民営化も３分の２以上の賛成を要した。にもかかわらず政令指定都市を廃止する住民投票を実施するか否かが、議会の過半数で議決されるということは理解できない。より厳密に言えば、議会は住民投票の実施を議決しているのではなく、「協定書」の内容、すなわち大阪市を廃止して特別区を設置すること、そのこと自体を議決しているのである。それほど重大な議決が、都構想とは全く関係のない次期総選挙における候補者擁立にかかわる「密約」の結果で左右されるということでは、市民の理解は得られまい。その結果、約67%もの高投票率で、わずか0.76%差で決着するという事態を招いた。賛否の結果の評価の前に、大阪市民をここまで深刻な分断に追い詰めた政治責任が追

及されるべきであろう。この責任は第一義的には強引な政治手法で住民投票を推し進めた橋下市長、松井知事、大阪府議会・大阪市議会の大阪維新の会所属議員にあることは明白だが、「特別区設置法」を議員立法で制定した当時の与野党の国会議員の責任についても厳しく問い糺される必要がある。

　この法律の問題は投票用紙の様式にも表れた。投票用紙は

大阪市における特別区の設置についての投票。
一　特別区の設置について賛成の人は賛成と書き、反対の人は反対と書
　　くこと。
二　他のことは書かないこと。

とされたため、大阪市が廃止されることが有権者にわからないと村上弘・立命館大学教授は事前に指摘していた。事実、住民投票後に藤井聡・京都大学大学院教授のグループが行った調査では、都構想に賛成票を投じた有権者の過半数は大阪市が廃止されることを知らなかったと回答した（「大阪都構想を巡る影響に関する有権者の理解度と投票判断の実態検証」、2000年）。

　第二に、投票運動のルールがとてもいい加減で、「なんでもあり」の様相を呈していた点だ。公職選挙法に準じるとは名ばかりで、そもそも立候補者がいないのであるから、法に基づいて規制する対象者がいない。街宣車の台数、ポスターやビラの種数・枚数、集会の開催回数や開催期間など全く規制されない。投票日当日の運動も全く制限されなかった。これは賛成・反対を問わず規制されないから、どちらにも公平だという意見もあろう。確かに「反対」運動の担い手は多様であり、一定の連携は取りつつも、それぞれの主張に基づいて手作りの活動も含めて多様性をもって展開された。それが「反対」多数に結実したことは事実である。

　しかし、ルールのない競争においては資金力のある方が圧倒的に有利であ

るという事実は無視できない。そして今回の住民投票に維新が巨額の資金を投入しただろうことは先に見たとおりである。資本主義社会における民主的選挙（投票）制度を考える場合、平等を確保するために資力の差をどうコントロールするかは避けて通れない課題のはずだ。そうでなければそもそも公職選挙法による規制など必要がなくなってしまう。

　資力の問題とともに公的権威ともいうべき問題についても検討が必要である。両議会で議決された「協定書」の有権者への説明会を大阪市は各区で開催した。協定書を説明したのは大阪市職員だったが、議決された協定書の内容に疑義をさしはさむような発言は職員基本条例に縛られた市職員には許されていない。まして説明会の冒頭に橋下市長が都構想の必要性を演説し、参加した市民の批判や質問を制限するというのであれば、「賛成」に誘導するような説明会と言われても仕方ないだろう。つまり、今回の住民投票で「資金」と「権威」は大阪維新の会によって独占されていたといっても過言ではない。それでも 0.76% の僅差とはいえ、踏みとどまった大阪市民の見識に敬意を表さざるを得ないが、自発的に要望もしていない、まるで「社会実験」のような住民投票に大阪市民が翻弄されたことは記憶に刻んでおかなければならない。

　なお、制度としての特別区設置法にもとづく住民投票の問題点について考察した論文に武田真一郎・成蹊大学教授による「『大阪都構想住民投票』に関する一考察」（『市政研究』2015 年夏 188 号）があるので、参照いただきたい。

4　第 2 次安倍政権の成立と
　　　　世界で巻き起こる反貧困・反緊縮運動

1)　3.11 後の国政の混乱と特別区設置法の成立

　大阪維新の会は、2011 年 4 月の統一自治体選挙の結果、府議会で過半数を確保し、大阪市議会でも第一党の座を獲得した。そして 11 月の大阪ダブル選挙での橋下市長、松井知事の当選により府市の首長を独占した。同じ時期、国政においては民主党政権が支持を失っていく過程をたどっていた。菅直人首相は東日本大震災からの復旧、復興事業や福島第一原発事故対応に奔走するが、消費増税発言で低迷した支持率は回復しなかった。菅直人に代わって民主党代表を引き継いだ野田佳彦が 9 月 2 日、民主党、国民新党による野田連立政権をスタートさせる。野田首相は「ねじれ国会」の中、菅直人政権の公約である消費増税問題も抱え、政権発足当初から厳しい政権運営を迫られることになる。さらに 11 月 11 日、国論を二分していた TPP 交渉への参加の意向を表明したことが、一層の逆風を招くことになる。

　そして 2012 年、政局は大きく動き出す。民主・自民・公明の 3 党は 6 月 15 日、社会保障と税の一体改革で合意。この 3 党合意を踏まえ、6 月 26 日の衆議院本会議で消費税増税関連法案が可決される。しかし、民主党から重鎮の鳩山由紀夫や小沢一郎を含む 72 人が造反する。小沢ら 50 人は 7 月 2 日、民主党を離党し「国民の生活が第一」を結党する。民主党の分裂である。次の総選挙による民主党の下野、自公政権の復活は不可避に思われた。

　この時期に国会において都構想の実現に根拠を与える法律制定の動きが活

発化する。みんなの党と新党改革は2012年3月9日、政令市の廃止と特別区への分割を可能とする地方自治法改正案を国会に提出する。なお、みんなの党はこれに先立ち、大阪ダブル選挙において橋下、松井を自主的に応援していた。みんなの党には大阪維新の会の人気をいわゆる「第三極」の支持につなげたいという思惑があったと推測される。当時、国政野党であった自民党、公明党も動きをみせる。両党は4月18日、同趣旨の地方自治法改正案を独自に国会に提出する。これらの動きに対し連立与党は、内閣提案による地方自治法の改正は避けつつも、何らかの対応は必要との認識から、議員立法による「大都市地域特別区設置法案」を提案。野党との協議の上、7会派共同提出の形で特別区設置法を提出し、8月29日に成立させた（共産党、社民党は反対）。

　このように特別区設置法は、地方自治制度、とりわけ大都市制度のあり方について、国権の最高機関たる国会として議論を尽くした結果、成立したものとは到底いえない法律であった。維新という新興政治勢力にどう対応するか。「第三極」を自認する政党はその人気を自党の支持拡大に活用しようとした。政権を失っていた自公両党は民主党政権に揺さぶりをかける道具にした。政権政党であった民主党は政権運営への影響を回避しようとして妥協の道を模索した。こうした与野党各党の政治的思惑が交錯する中での妥協の産物として成立したのが特別区設置法であるといえる。この結果、住民投票における住民同士の不毛な対立を大阪市民は二度にわたって強いられることになる。

　一方、橋下は国政政党の動揺をあざ笑うかのように、都構想を実現するための法律ができれば維新は国政に進出しないという前言をあっさり翻し、9月12日の大阪維新の会のパーティーの場で国政政党「日本維新の会」設立を宣言する。これに呼応するように、石原慎太郎が東京都知事を辞任し、11月13日に自身を代表とする「太陽の党」を結成する。数日後の11月17日

には、日本維新の会と太陽の党が合流を発表。新党名は「日本維新の会」とした。「第三極」を象徴する国政政党としての「維新」の登場である。

　自民党にも動きが起こる。野党時代の自民党総裁を務め、野田首相とともに税と社会保障の一体改革に関する 3 党合意を取りまとめた谷垣禎一総裁は、当時幹事長として執行部の一員であった石原伸晃の総裁選出馬を止められなかった責任を取り、総裁選出馬断念に追い込まれる。9 月 26 日に実施された総裁選挙は、石原伸晃、石破茂、町村信孝、安倍晋三、林芳正の 5 人が立候補する乱立選挙となり、結局、再び安倍が選出される。当時、維新の国政進出にあたって橋下が安倍に自民党を離党し、日本維新の会の代表に就任してほしいと何度も打診していたことが報じられた。安倍、菅と橋下、松井の強い結びつきはこのころ形成されたものといわれている。

2)　第 2 次安倍政権の誕生と橋下・維新の変質

　野田首相は 2012 年 11 月 14 日、自民党総裁に返り咲いた安倍との党首討論で衆院を 16 日に解散すると表明する。1 か月後の 12 月 16 日に実施された総選挙では、自民党が圧勝。日本維新の会は 54 議席を確保し、第三党に躍進する。民主党は 57 議席と惨敗し、政権を失う。

　12 月 26 日、第 2 次安倍政権が発足する。安倍政権の経済政策は「アベノミクス」と称され、新自由主義的色彩の濃いものとなった。大規模な量的金融緩和による大胆な金融政策、大規模な公共投資による財政出動、民間主導の成長戦略を「三本の矢」と称したが、財政政策や成長戦略に具体的成果は見られず、「異次元」とまで言われた金融緩和による株価の買い支えと円安誘導だけが注目された。一方、政治的には改憲に向けた地ならしともいうべき国家主義的な政策が強力に推進された。2013 年 12 月 6 日、特定秘密保護法成立。2014 年 7 月 1 日、集団的自衛権行使容認閣議決定。2015 年 9

　月 19 日の安全保障関連法の強行成立へと突き進んでいく。また、国際オリンピック委員会は 2013 年 9 月 7 日、総会において 2020 年オリンピックの開催地を東京に決定する。この総会において安倍首相が福島第一原発事故後の放射能汚染について「アンダー・コントロール」と言い放ったことは、現地の実態を全くふまえない発言として批判を呼ぶことになる。

　安倍政権による政治の右傾化と軌を一にするように、橋下や松井のタカ派的な発言が目立つようになる。橋下は 2013 年 5 月 13 日、「従軍慰安婦制度は戦時下では必要だった」と述べるとともに、ゴールデンウィーク中に米軍普天間飛行場を訪問した際、海兵隊司令官に「もっと風俗を活用してほしい」と提案したと語り、国内外からの大きな批判を呼ぶ。姉妹都市のサンフランシスコ市議会は 6 月 18 日、「橋下市長を非難する決議」を採択。国内でも橋下発言に抗議・非難する決議が 30 もの地方議会で採択された。松井は 6 月 1 日、沖縄の負担軽減のためにオスプレイの飛行訓練を大阪の八尾空港で受け入れると表明。田中誠太八尾市長（当時）をはじめ関係首長や議会の抗議を招く。後日、そもそも八尾空港の設備構造ではオスプレイの訓練受け入れは不可能であることが報じられた。また、のちに安倍夫妻の関与が取りざたされた森友学園問題に関連し、幼稚園しか経営していなかった森友学園の小学校設置認可に当初慎重であった大阪府が一転して認可を容認するのも、2014 年から 2015 年にかけての時期である（大阪府私学審議会臨時会が「認可適当」の判断を下すのは 2015 年 1 月 27 日）。

　一方、安倍政権の安全保障関連法改正にむけた動向に対しては、草の根の市民による反対運動が広範に展開された。この反対運動の特徴は、活動が既存の野党や平和運動団体のみならず、新しいタイプの市民運動によって担われたところにある。特に学生たちによる新しいタイプの運動主体として登場した「SEALDs（シールズ、自由と民主主義のための学生緊急行動）」は斬新なデモやスピーチのスタイル、開かれた組織形態によって注目を集めた。また、

保守思想の立場に立つ研究者も多く参加した「安全保障関連法に反対する学者の会」、女性たちが母親の立場から声を上げた「安保法制に反対するママの会」、国会前での反対集会に参加した市民、学生を不当な弾圧から守るための人権派弁護士の活動、これらの諸団体を緩やかに束ねた市民のプラットフォーム「市民連合」などが登場し、反対運動を担った。ところで SEALDs の学生たちの運動に、既述の大阪で反都構想をたたかった若者たちのグループである SADL の運動が影響を与えていたと木下ちがや明治学院大学研究員が指摘していることは注目に値する（「二〇一五年七月一六日『安保法制』はなにをもたらしたか」、『現代思想』2015 年 10 月臨時増刊号所収）。大阪の維新と安倍政権が通じ合っていた一方で、これらの政治に抗する運動も図らずも影響しあい、連携し合っていたのである。

　反対運動が高揚する中で、5 月 15 日に衆院に提出され、7 月末の成立をめざすとしていた安全保障関連法案は、9 月 19 日まで成立がずれ込み、しかも未明の強行採決となった。朝日新聞が 19 日から 20 日にかけて行った緊急の世論調査によると、法案に賛成 30% に対し、反対 51%、審議が尽くされていないが 75%、安倍内閣の支持率は 35% に低下した。安全保障関連法の成立をバネに、早期の改憲発議を狙っていた安倍の目論見は潰えた。その「躓きの石」は、5 月 15 日の法案提出のわずか 2 日後の 5 月 17 日に実施された都構想住民投票における維新の敗北にあったともいえる。住民投票での反対運動は、安倍内閣による上からの強権的政治に対する草の根の抵抗運動と通底していたのである。

3）　世界で高揚する反貧困、反緊縮運動

　ここで視点を世界に転じてみる。アメリカにおいては 2011 年 9 月、「ウォール街を占拠せよ」運動が高揚する。世界金融危機に翻弄されたロスジェネ世

代を中心とした格差と貧困に苦しむ人々による「ウォール街」に象徴される
アメリカのエスタブリッシュメントに対する抗議運動である。この運動を支
援した人類学者のデヴィッド・グレーバーが発案したといわれる「私たち
は 99% だ」というスローガンは世界中の格差解消を求める運動に広まった。
2014 年の EU 議会議員選挙で注目を集めたスペインのポデモスや 2012 年
のギリシャ総選挙で反緊縮を掲げて躍進したシリザ、2015 年に英労働党の
党首となったコービンや大統領予備選挙で注目を集めた米民主党のサンダー
スなどオールド左派の復権など、「人民のための反緊縮」をひとつの旗印に
貧困と格差の是正を訴える運動が世界的高揚をみせる。こうした潮流が日
本の SADL や SEALDs の運動に影響を与えたことは間違いない。トマ・ピケ
ティの『21 世紀の資本』がフランスで出版され、ベストセラーとなったの
も 2013 年（日本での翻訳出版は 2014 年、みすず書房）である。

　一方、2011 年 1 月には、中国の 2010 年の GDP が日本を抜き世界第 2 位
となったことが明らかになる。翌 2012 年 11 月 15 日には習近平が中国共
産党総書記に就任する。同じ 2012 年の 4 月には金正恩が北朝鮮第一書記に
就任している。ロシアがクリミア半島を併合したのは、2014 年 3 月 18 日
のことである。2010 年・2011 年のチュニジアでの「ジャスミン革命」に
端を発し、アラブ諸国に広がった民主化運動「アラブの春」の高揚も、多く
は内戦や弾圧により挫折を強いられた。

　こうしてみるとこの時期は行き過ぎた新自由主義が見直される時期である
とともに、冷戦崩壊以降の世界を席巻したかに見えたアメリカの覇権に陰り
が濃くなる時期ともいえる。それは経済体制における資本主義と政治体制に
おける代議制民主主義の蜜月時代が黄昏を迎えた時期とも形容できるかもし
れない。人々は新しい政治的解を求めてさまよいはじめる。

3章

松井知事・吉村市長時代

（2015 年 11 月〜 2019 年 3 月）

1　第 2 次法定協議会の膠着から
脱法的出直しダブル選へ

1）　第 2 回大阪ダブル選挙での維新の勝利

　2015 年 11 月に大阪府知事、大阪市長の任期満了が迫る中、注目は 2 度目の大阪ダブル選挙の帰趨へと移っていく。

　大阪維新の会は 8 月 27 日、市長選挙に候補を擁立することを決定する。橋下市長はそれまで「都構想に反対した自民・公明に責任を持ってもらいたい」と維新が候補の擁立を見送る可能性をにおわせていた。先に述べた大阪会議を機能停止に追い込むことに成功したことから、方針を転換したといえる。そして維新は 9 月 26 日、所属議員の全体会議を開き、市長候補に吉村洋文衆議院議員（比例近畿、当時）を擁立することを決定する。一方、知事候補については既に橋下が定例会見で松井知事続投に言及しており、松井の再出馬は既定路線であった。これで第 2 回目となる大阪ダブル選挙の維新側候補は出そろい、公約には再び都構想への挑戦が掲げられることになった。

　一方、自民党大阪府連は 9 月 20 日、市長選挙に柳本顕大阪市議（当時、現衆議院議員）が無所属で立候補し、自民が推薦することを正式決定する。柳本は都構想住民投票での反対運動をけん引したリーダーとして、都構想反対運動を担った多くの市民から立候補を期待されていた。柳本は記者会見で「まっとうな市政を取り戻す。都構想は決着済みで争点にしない。いつまで対立を煽るのか。市民生活の安定に取り組む」と決意を述べた。知事候補の選定は難航するが、最終的に 10 月 12 日の自民党大阪府連大会で栗原貴子府議会

議員（当時）が無所属で立候補し、自民党が推薦することを決定した。

　ダブル選挙は11月22日投開票と決まる（告示は知事選が11月5日、市長選が11月8日）。知事選には3人、市長選には4人が立候補するが、民主、公明、共産は候補擁立を見送り、柳本、栗原を支援。実質的に維新vs.反維新の一騎打ちの選挙となる。

　都構想住民投票で反対運動を担った市民はこぞって柳本、栗原両候補支持を表明した。「府民のちから2015」もその一翼を担うべく、正式に両候補の推薦を決め、活発に支援活動を展開した。課題は都構想反対の民意をどう両候補の支持に結びつけるかにあった。特に維新支持層の中に一定程度存在した都構想反対派の動向がカギを握ると思われた。しかし、安倍政権下の安保法制をめぐる与野党の対立が激化する中で、維新からの柳本・栗原両候補に対する「野合批判」は幅広い支持の結集を必要とした両候補陣営に大きなマイナスとして作用した。自民党の国会議員の一部は応援演説であからさまに野党批判を展開し、足並みの乱れを誘った。一方、維新の支持には底堅いものがあった。ダブル選挙の前哨戦と言われた8月30日の枚方市長選挙において、現職の竹内脩市長を破り、維新の伏見隆前府議が当選をはたしてもいた。

　結果は、市長選挙において吉村596,045票に対して、柳本406,595票。知事選挙において松井2,025,387票に対して、栗原1,051,174票と、知事選市長選ともに維新の圧勝に終わった。

2）　都構想再チャレンジへ

　松井知事は11月27日、2期目初日の記者会見で、副首都推進本部及び副首都推進局を設置すると表明。12月28日に開催された副首都推進本部の初会合で、来秋を目途に副首都についての中長期ビジョンを取りまとめること

を確認した。都構想再チャレンジの始動といえる。年が明けた 2016 年 2 月
25 日の定例記者会見で吉村市長は、都構想か総合区制度かの住民投票をま
ず行い、都構想が多数の場合は法にもとづく特別区設置の住民投票を行うと
いう「二段階住民投票論」を披歴する。松井知事が表明していた副首都推進
局は 4 月 1 日、正式に発足する。以降、副首都推進局は、副首都推進本部の
事務局として副首都化や都構想関連の作業を事務方として担っていく。これ
をうけて松井知事は 4 月 6 日、都構想か総合区かの住民投票を 2018 年秋ま
でに実施したいとの意向を表明する。一方、公明党大阪市議団は 4 月 5 日、
総合区制度の具体案を検討するプロジェクトチームの初会合を持ち、年内に
総合区案をまとめることを確認する。もっともこの総合区案の作成は、都構
想関係の仕事を所管する副首都推進局に委ねられる。

　大阪府市は 4 月 19 日、副首都推進本部会議を開催し、府立大学・市立大
学の統合及び一法人化と府立公衆衛生研究所・市立環境科学研究所の統合の
方針を確認する。これに先立ち、2016 年 4 月 1 日から大阪市立の特別支援
学校が大阪府に移管された。これは 2014 年の橋下市長（当時）と松井知事
との合意に基づくものであるが、当時、都構想の先取りとの批判があった。
都構想は否決されたにもかかわらず、特別支援学校の府移管は淡々と進めら
れた形だが、大学や研究所の統合も同一線上にある。維新のいう二重行政の
ムダを解決する方策が都構想であるなら、都構想が否決された以上、こうし
た政策分野ごとの府市統合には慎重であるべきだ。しかし、維新はこれ以降
も市立高校の府移管や近隣に大阪府立急性期・総合医療センターがあること
を理由とした住吉市民病院の廃止などを強引に進めていく。

　2016 年 7 月 10 日には参議院選挙が行われる。全国的には自民党が圧勝
する。大阪選挙区においては日本維新の党分裂後に大阪維新の会のメンバー
が中心となって結成した「おおさか維新の会」が 4 議席のうち 2 議席を獲得。
自民、公明が各 1 議席。民進、共産両党は議席を確保できなかった。

　参院選挙後、都構想をめぐる動きが再び活発化する。吉村市長は 10 月 13 日、法定協議会設置議案を翌年 2 月の定例市議会に上程すると語り、松井知事も同様の意向を表明する。大阪維新の会は 11 月 24 日、大阪市を 6 つの特別区に再編する方向で否決された協定書案を修正していくことを決める。松井知事は 12 月 21 日、前言を翻し、2018 年秋に実施を目指す住民投票は法に基づき特別区設置の是非を問うもので、総合区制度は対象にならないと発言する。

　また、松井知事は 11 月 9 日、招致に取り組む 2025 年大阪万博の基本構想を政府に提出。同時に大阪府、大阪市、関西経済連合会などで構成する誘致準備委員会も発足させた。一方、12 月には衆参本会議で IR（統合型リゾート）整備推進法が成立している。新聞各紙は 12 月 25 日、前日に安倍首相、菅官房長官、松井知事、橋下前市長が都内で昼食をとりながら意見交換し、カジノ、万博などを話題にした模様と報じた。

　翌 2017 年は国内外の政治が大きく動く年となる。森友学園、加計学園問題が国民の怒りを買い、7 月の都議会議員選挙では「都民ファースト」が躍進。10 月の解散総選挙では、「希望の党」の失速と立憲民主党の躍進が注目を集めた。海外はトランプ大統領の登場とイギリスの EU 離脱国民投票での「賛成」多数などに揺れる。そんな中、大阪維新は再度の法定協議会設置に執念を燃やす。

　維新は単独では府議会、市議会ともに過半数を確保していないため、法定協議会の設置には公明党の協力が不可欠であった。松井、吉村は 1 月 16 日、公明党大阪府連の新春年賀会に出席し、秋波を送る。朝日新聞は翌 17 日の朝刊で、公明現職がいる選挙区に維新が候補擁立を見送ることとバーターする形で、公明が法定協議会設置議案に賛成すると報じる。結果的にその報道通り、大阪市議会は 5 月 26 日、大阪府議会は 6 月 9 日、法定協議会設置を維新、公明の賛成で決める。公明党が賛成に回った表向きの理由は、法定協議会において総合区についても検討することを維新が約束したからというこ

とであった。しかし、これに先立つ 4 月 17 日に、公明党大阪府本部と大阪
維新の会の間で、住民投票の実施までを約束する「密約」が交わされていた
ことを後に維新が暴露することになる（後述）。

　この時期、もう一つの大きな政策決定として、地下鉄民営化等の関連議案
が 2017 年 3 月 28 日、大阪市議会で可決されたことをあげなくてはならない。
地下鉄の民営化には、大阪市として地下鉄事業を廃止することを議決しなけ
ればならず、そのためには市議会の 3 分 2 以上の賛成が必要となる。つまり、
維新、公明に加えて自民党市議団の賛成が不可欠だった。自民党市議団は
2016 年 8 月 30 日、吉村市長（当時）に対して ⅰ）新会社の株式は市が当面
100％保有すること、ⅱ）市バスは新会社の子会社が運営すること、ⅲ）事
業計画などの議会報告を義務化すること、ⅳ）今里筋線延伸整備のための基
金を創設することなど 12 項目を民営化条例案に賛成する条件として申し入
れていた。吉村市長は今里筋線延伸にむけた基金設立は受け入れなかったが、
同区間のバス高速輸送システム（BRT）の社会実験を行うとし、実験費用な
どとして 150 億円規模の基金設立の考えを示した。その上で、他の要望も受
け入れた事業計画案の修正案を 12 月 1 日に提示。自民市議団は 12 月 9 日、
議員団会合を開催し、要望の大半が受け入れられたことを受けて、基本方針
案に賛成することを決定した。市議会は 12 月 13 日、基本方針案を可決決
定。そしてこの日、残されていた地下鉄・バス廃止議案など関連 3 議案が可
決され、大阪市営地下鉄の運営は 2018 年 4 月から大阪市電気軌道（Osaka
Metro）に移管され、市営バスは Osaka Metro の子会社である大阪シティバ
スに譲渡されることが正式に決定された。

　3）　第 2 次法定協議会の始動

　都構想関連に話を戻す。改めて設置された法定協議会は 6 月 27 日、第 1

回会議が開催され、会長に大阪維新の会の今井豊・大阪府議（当時）を選出した。委員構成は維新 10（知事、市長含む）、自民 5、公明 4、共産 1 で、会長は採決に加わらないため維新単独では決定できない構図が続くことになった。大阪市は 8 月 10 日、現行の 24 行政区を 8 つの総合区に再編する総合区の制度案（「総合区素案」）を取りまとめた。この総合区案は 8 月 29 日に開催された第 2 回法定協議会で事務局（副首都推進局）から説明された。また、この日に開催された各会派代表者会議で特別区制度素案を 9 月下旬に示す旨の報告がなされた。そして 9 月 29 日、第 3 回法定協議会が開催され、4 区案、6 区案、それぞれ 2 パターンの区割りを示した計 4 種類の特別区素案が示された。以降、法定協議会は総合区か特別区かの選択とともに特別区の区割り案をめぐって議論されることになる。

　とはいえ厳密にいえば、特別区設置法に基づいて設置された法定協議会で議決できるのは、特別区設置協定書案だけである。既に触れたように松井も 2018 年に実施をめざす住民投票は特別区設置の是非を問うものであると明言していた。この時点で、吉村市長（当時）のいう二段階住民投票論は既に反故にされていた。維新にとって総合区案は、当初から公明党が法定協議会設置に賛成するためのダミーでしかなかったのだろう。一方、総合区制度の導入は政令指定都市固有の課題であり、都道府県が関与する話ではない。つまり大阪市議会が議決すれば導入は可能である。しかし、特別区設置を検討する法定協議会を府市で設置している以上、大阪市の独断で総合区設置を決定し、法定協議会を収束させることは信義則上も不可能である。

　ここで気になるのが公明党の思いである。のちに問題となる「密約」を公明党市議団はどう認識していたのか。公明市議団も総合区案をダミーでしかないと理解していたのか。しかし、それなら以降の公明市議団の協定書案取りまとめに抵抗した強硬姿勢は理解できない。この背景には大阪市廃止に反対する支援者の声と衆院選挙を見越して維新との対立を避けたい党本部の要

請に引き裂かれた公明党市議団の苦悩が垣間見える。

　このころ維新はふたつの逆風にさらされる。ひとつは堺市長選挙における敗北である。堺市長選挙は 9 月 24 日に投開票され、現職の竹山市長が維新候補の永藤英機・前大阪府議を破り 3 選をはたす。既述の通り竹山市長は 2009 年の堺市長選挙に橋下の支持を得て初当選をはたすが、2013 年の 2 期目の選挙では都構想反対を掲げ、維新が擁立した西林克敏・前堺市議に勝利する。竹山市長はその後、2015 年の住民投票においても都構想反対を発信し続けた。今回の選挙では、松井知事が「堺市長選挙で維新候補が当選し、来秋実施予定の大阪市廃止の住民投票が可決された場合、堺市でも都構想議論を進める」と挑発していたが、その直後の 7 月 8 日に候補に決定した永藤は「当選しても 4 年間は議会で都構想を議論しない」と、選挙の争点化を回避する姿勢を見せていた。結果は竹山候補 162,318 票（53.8%）、永藤候補 139,301 票（46.2%）で、維新は堺市長選挙で 2 連敗を喫した。

　もうひとつは 10 月 23 日の総選挙の結果である。自民党が現有 284 議席を確保し、結成されたばかりの立憲民主党が 15 議席から 55 議席と躍進する一方で、日本維新の会は 14 議席から 11 議席へと後退した。大阪 19 選挙区の当選者数は、自民 10、維新 3、立憲 1、公明 4、無所属 1 で、維新は大阪においても伸び悩んだ。なお、近畿比例重複立候補者で惜敗率から復活当選を果たした大阪選挙区の候補者は、自民 5、維新 4、立憲 4 であった。これは国政における野党再編の動向などに注目が集まる中、維新が埋没し、大阪以外での得票を伸ばせなかったことに原因があるとみられる。

　一方で約 1 年後の 2018 年 11 月 23 日、パリで開催された BIE 総会で 2025 年万博の開催地が大阪に決定されるという、維新にとっては追い風となる大きな決定がもたらされる。

　大阪への万博招致は、2014 年に当時大阪府・市特別顧問であった堺屋太一が提唱し、橋下市長（当時）が賛同してスタートした。会場については、当初、

万博記念公園や服部緑地、花博公園、りんくう公園など6カ所が候補に挙がるが、後に大阪府市がIR建設予定地としていた夢洲も加えられ、最終的に2016年6月に大阪府が公表した構想試案では、会場は夢洲とされた。大阪万博招致成功を維新は自らの成果として大々的に宣伝するが、会場が湾岸埋め立て地の夢洲となったことにより、IRとの関連や土壌問題、交通アクセス問題など、その後多くの課題も浮上することになる。詳しくは5章で述べる。

4)　迷走する第2次法定協議会

　都構想に戻る。11月以降も法定協議会は頻繁に開催されるが、議論は迷走の度を深めていく。以下に、時系列にそって概要を整理する。

- 第4回（11月9日）…前回示された4パターンの特別区設置に係るコスト及び財政シミュレーション等を事務局が説明。
- 第5回（11月24日）…総合区素案と特別区素案について各党から事務局への質疑。
- 第6回（2018年1月16日）…総合区の財政シミュレーションと特別区素案について事務局が説明。
- 第7回（1月30日）…各党が特別区、総合区についての見解を表明。
- 第8回（2月22日）…特別区案4案のうち4区B案（北区中央区分離案）に絞ることを決定。
- 第9回（4月6日）…4区B案の各区名称と区役所の位置などに関する事務局案を提示。
- 第10回（4月25日）…前回の事務局案への質疑。公明は財政状況等の詳細が示されなければ判断できないと主張。自民からは無駄な法定協議会は直ちに廃止するべきだとの厳しい意見が出される。

- 第 11 回（5 月 28 日）…自民党から「法定協の廃止申し入れに関する動議」が提出され、その取扱いで混乱し、次回に持ち越しとなる。

- 第 12 回（6 月 1 日）…前回自民が提出した「法定協廃止動議」を審議の後、否決。新たに自民が提出した「毎週 1 回法定協を開催する動議」をただちに否決。

- 第 13 回（7 月 2 日）…公明、共産から事務局質疑が行われる。

- 第 14 回（8 月 24 日）…事務局から「特別区、総合区設置における各財政シミュレーション」、「庁舎整備に関する試算」等が提出され、各会派からの質疑が行われる。維新以外からはいずれも厳しい質問、意見が出された。

- 第 15 回（9 月 28 日）…引き続き事務局への質疑が行われる。

- 第 16 回（11 月 12 日）…引き続き事務局への質疑。維新は「過ぎていく時間こそ最大のコストだ」と委員間討議を提案するも他党は反対。公明は「都構想移行後も住民サービスが低下しないというのであれば、事務分担、財源、職員体制などの資料を提出せよ」と求めた。松井知事は資料提出を約す。

　この経緯を見れば明らかなように、松井、吉村が公言していた 2018 年秋の住民投票は、不可能となった。しかも松井知事は 9 月 28 日、法定協議会終了後の会見で、公明党の協力が得られないことから、翌春（2019年）4 月の統一自治体選挙に合わせて住民投票を行うことも難しくなったと語った。住民投票の実施が見通せない中で、松井知事は 12 月 15 日、翌年の 2 月までに法定協議会を 4 回開催し、協定書案をまとめたいと表明する。2019 年 11 月に迫る任期までに是が非でも住民投票実施にこぎつけたい思いがにじみ出た発言といえる。

5）「密約」の暴露と公明党との決裂

　毎日新聞はその直後の12月24日、住民投票の実施時期をめぐり維新と公明で調整がつかなかったため、松井知事と吉村市長が近く辞任し、大阪ダブル選挙を2019年4月の統一自治体選挙と同日に行う意向を固めたと報じた。その2日後の12月26日、松井知事は維新と公明が2017年4月17日に合意した「密約文書」を公表し、住民投票実施に向け「ありとあらゆる選択肢」を持って判断すると気色ばんだ。ちなみにこの「密約文書」には、

合意書

公明党と大阪維新の会は、本日、次のとおり合意した。
記
1. 平成29年5月議会（大阪府議会、大阪市会）において、特別区設置協議会設置議案をそれぞれ可決すること。
2. 上記設置の特別区設置協議会において、慎重かつ丁寧な議論を尽くすことを前提に、今任期中で住民投票を実施すること。

以上、合意成立の証として、本書2通を作成し、各1通を保有する。
平成29年4月17日
　　　　　　　　　　　公明党大阪府本部　幹事長
　　　　　　　　　　　　　（署名）林啓二
　　　　　　　　　　　大阪維新の会　幹事長
　　　　　　　　　　　　　（署名）今井豊

とあった。署名は直筆である。

　この事態を受けて、法定協議会はさらに混迷を深めるとともに、再び維新と公明の駆け引きに左右される様相を呈していくことになる。引き続き、見ていく。

- 第 17 回（12 月 27 日）…事務局から特別区制度の財政推計、組織機構案等を説明。質疑は行われず。終了後、代表者会議を開催するも次回開催日程は決まらず。
- 第 18 回（2019 年 1 月 11 日）…事務局質疑が行われるが、自民、公明、共産の委員から会長による法定協の強行開催に批判が集中した。
- 第 19 回（1 月 23 日）…冒頭に公明党が、「会長らの強引な議事運営に抗議してきたが改められず、今回も他会派の合意なしの強行開催で、審議には応じられない。散会を求める」と動議を提出した。これに知事や維新が激しく抗議し、怒号が飛び交う事態となり、動議の採決さえも行わず、会長が散会を宣言した。
- 第 20 回（1 月 29 日）…動議の扱いなどを巡って再び混乱し、実質的な協議が行われず。今井会長や維新の強引な運営に厳しい批判が出る中、会長は次回の法定協を 2 月 8 日に開くと一方的に宣言して閉会した。
- 第 21 回（2 月 8 日）…事務局質疑。

6）　脱法的な 3 回目のダブル選挙強行突破による復活

　第 21 回法定協が開催された 2019 年 2 月 8 日、新聞各紙は公明、維新両党幹部が 2 月初旬に会談し、知事、市長の任期までに住民投票を行うことで

妥協が成立したとみられるとの記事を一斉に報じた。しかし、2 月 16 日、維新・公明両党幹部が再び会談し、維新が ⅰ）法定協で協定書案を 5 月末までに可決、ⅱ）同案を 9 月末までに府・大阪市両議会で可決、ⅲ）今秋の知事・大阪市長選と同日に住民投票を実施の 3 点での合意と文書での確認を求めたが折り合いがつかなかった模様。松井知事は、「具体的なロードマップが確認されない限り公明を信頼できない」として、統一自治体選挙と同日のダブル選挙も選択肢とし、その準備に入ると語る。

- 第 22 回（2 月 22 日）…事務局質疑および委員間質疑。
- 第 23 回（3 月 7 日）…事務局質疑・委員間協議の終了後、会長が提示した今後の工程表を維新以外の反対多数で否決。

　第 23 回法定協議会は府議、市議らの任期中最後の会議であった。「密約」文書の存在まで暴露して、公明党に方針転換を迫った形だが、協定書の議論が全く煮詰まっていない中で、会長が一方的に工程表を示しても、公明党としても賛成できるはずはなかった。まるで「密約」を守らなかった公明に対する「最後通牒」のような提案であったといえる。しかし、「密約」文章にある、「慎重かつ丁寧な議論を尽くすこと」という前提条件が守られたかというと、これもはなはだ疑問である。終了後の記者会見で、松井知事は「死んでも死に切れない、もう一度民意を聞きたい。明日の会見で説明する」と語った。そしてその 3 月 8 日、松井知事、吉村市長は府議会、市議会の両議長に辞職願を提出。その後の記者会見で、松井が市長に、吉村が知事に立場を入れ替えて選挙に臨むと表明する。

　この結果、2019 年 4 月 7 日に実施される統一自治体選挙前半戦は、大阪においては大阪府議会議員選挙、大阪市議会議員選挙、堺市議会議員選挙に加え、大阪府知事選挙、大阪市長選挙が同日に行われることになった。いわ

ゆる「出直し選挙」であれば、現職が辞職して再出馬し、当選しても、任期は残任期間のみである。しかし、今回は大阪府知事に吉村が、大阪市長に松井が立候補したため、形式的には新人候補となり、任期は選挙から 4 年となる。このことを見越した差し替え立候補戦術である。違法とはいえないが、公職選挙法もこうした事態を想定していなかっただろう。「（違法ではないが）脱法的」と評するメディアもあった。もっとも維新も確実に勝利できると決まっていたわけではない。前述のように 2017 年の総選挙では後退を強いられてもいた。仮にダブル選挙をぶつけていなかったら、府議会議員選挙や大阪市議会議員選挙でも議席を減らしていた可能性がむしろ高い。それは都構想に対して、有権者が最終的に「不支持」を表明したと解されかねない。維新はなりふり構わず大勝負に出たというところだろう。

　突然のダブル選挙に反維新側の候補者選考は難航した。そもそもまったく想定していなかった事態であるとともに、選挙日程は目前に迫っていた。市長候補には前回のダブル選挙にも立候補した柳本顕元自民党市議が、内定していた 7 月の参議院議員選挙への立候補を辞退して、再び立候補を決意した。知事候補には松井知事時代（1 期目）に副知事を務めた小西禎一元副知事が、都構想に反対する立場から立候補を決断した。両候補は無所属で出馬し、自民党、公明党、連合大阪が推薦した。共産党は独自候補を擁立せず、実質的に反維新の両候補を支援した。しかし、政党の違いや候補者個人の個性を押し出した自治体議員選挙と複数の政党が連携して統一候補を応援する知事、市長選挙を同時にたたかう難しさに直面する。長年にわたって別日程であったことも加わり、反維新陣営は連動した運動をうまく構築し得なかった。

　一方、立憲民主党にとっては結党以来、初めての自治体選挙となった。このため大阪における統一自治体選挙においても多数の新人候補を擁立して、7 月に予定される参院選挙予定候補者の亀石倫子の活動とも連動した選挙戦を構想していた。しかし、大阪の選挙戦は、ダブル選と同日となったことで

争点が一変した。

　結果はすべての選挙において維新の勝利に終わった。知事選、市長選に圧勝するとともに、大阪府議選においては81議席中、過半数を大きく上回る51議席を獲得。大阪市議選においても83議席中40議席と過半数に迫った。獲得議席から法定協議会でも維新の委員が過半数を制することが確実となった。維新はまたしても劣勢を大阪ダブル選挙の勝利によって挽回したといえる。

2　ブレグジッドの成立、トランプの登場、
森友学園問題の浮上

　この第 3 期にあたる 2015 年末から概ね 3 年半は国内外政治ともに大きく揺れ動いた時期だった。国際情勢では、格差の拡大に抗するリベラルな運動が一定の広がりをみせていたが、こうした運動や資本主義批判理論は注目を集めつつも、リベラル陣営の分岐を克服し得ず多数派の獲得に至らない状況が続く。その行き詰まり感の反動のように、右派ポピュリズムが台頭してくる。国内では安倍政権の慢心ともいえる、強権的な政権運営に対する批判が高まり、支持が低迷する。その一方で、左派を排除した野党再編の目論見が失速し、リベラル色の強い立憲民主党が支持を集める。こうした中、維新は埋没し結党以来の危機を経験するが、統一自治体選挙にダブル選挙をぶつけるという奇策で起死回生の勝負に勝利し、したたかに大阪での政治基盤の維持、強化に成功する。では、具体的にみていこう。

1）　イギリス EU 離脱国民投票「賛成」多数と都構想

　COP21（第 21 回国連気候変動枠組条約締約国会議）は 2015 年 12 月 12 日、2020 年以降の気候変動抑制に関する枠組みについての多国間合意を成立させる。いわゆる「パリ協定」である。パリ協定締結をひとつの大きな契機として、現在、地球環境問題に対する人々の関心は急速に高まっている。あらゆる社会経済活動において地球温暖化対策や CO_2 削減はゆるがせにできない価値として共有されるものとなった。オバマ大統領と習近平国家主席は翌

2016年9月3日、パリ協定批准を発表。パリ協定は同年11月4日、正式発効されることになる。

　2016年1月16日、台湾総統選挙で台湾独立派の民進党主席の蔡英文候補が圧勝。立法院選挙でも民進党が過半数を大幅に上回る議席を獲得する。以来、「ひとつの中国」を主張する中国共産党政権と台湾独立に理解を表明するアメリカをはじめとした西側諸国の間に緊張が高まる。

　6月に海外から衝撃のニュースが飛び込んでくる。EUからの離脱の是非を問うイギリスの国民投票が6月24日に開票され、離脱賛成が51.9%と僅差ながら多数となり、イギリスのEU離脱方針が決定したというのだ。この結果は多くの日本人にも驚きをもって受け止められたが、とりわけ前年に住民投票を経験した大阪市民には身につまされるものがあった。キャメロン首相はEUには懐疑的なスタンスを取っていたが、それはEUに帰属しつつイギリスの国益を最大化するためのもので、基本的に残留を支持していた。しかし、離脱の是非を問う国民投票の実施を求める国民署名などに配慮し、選挙対策として国民投票の実施を公約に掲げた。その結果が離脱賛成多数。キャメロンにとってはまさに瓢箪から駒の出来事だっただろう。この結果を受けてキャメロン首相は辞任を表明する。

　この国民投票結果が興味深いのは、保守党、労働党、財界、労働組合など社会的影響力を持つ主要団体が公式にはこぞってEU残留を主張していたのに、離脱派が勝利したことだ。この背景については、あまりにも僅差の結果であったがゆえに、様々な分析が可能だろうが、ブレイディみかこの『ヨーロッパ・コーリング・リターンズ』（2021年、岩波現代文庫）の分析が示唆に富んでいる。彼女の分析を要約するとこうだ。一般には保守党右派のボリス・ジョンソン（のちに首相に就任するもコロナ下でパーティーに参加していたスキャンダルで辞任）やイギリス独立党党首（当時）のナイジェル・ファラージを支持する「下層のウヨク」が離脱派の中心のようにみられているが、そ

うではない。リベラル陣営の属する労働党支持者の多くが離脱を支持した。しかもこの層は矛盾なく離脱を支持したのではない。ファラージ流の難民排斥を支持したわけでもない。悩みに悩みぬいた選択として離脱を選んだ。「そもそも、反グローバル主義、反新自由主義、反緊縮は、欧州の市民運動の三大スローガンと言ってもよく、そのグローバル資本主義と新自由主義と緊縮財政押しつけの権化といえるのがEUで、その最大の被害者が末端の労働者たちだ」（同書p.181）。つまり残留派が「怒れる労働者たちを『レイシスト』として切り捨て」てしまったことが、残留派が敗北した主要因であると指摘しているのである。

2）　小池都知事の誕生と「都民ファーストの会」の発足

　国内に話を移す。総務省は2016年2月26日、2015年国勢調査の速報値を発表。人口は1億2711万人で、1920年の調査開始以来初の人口減少となる。予測されていたとはいえ人口減少社会が現実のものとなった。このことは少子高齢化問題を、現役世代の社会保障費における負担増といったレベルを超えて、地方の衰退や国力の低下など、日本の社会全体に対し深刻な事態を招く問題として再認識することを迫るものであった。既に2014年8月に増田寛也編著による『地方消滅』（中公新書）が発行されていた。この著書の地方消滅論やその論拠のひとつである限界集落論に対しては農政や地方自治の研究者から傾聴すべき批判が提出されているが、それは危機克服のための政策のあり方をめぐる論争であり、東京一極集中の是正や地方再生が急務の課題であるとの認識は共通のものといえる。しかも、現在講じられている少子化対策が奏功しても人口減少は続く。2015年「厚生労働白書」によると、出生率が高位で推移しても2100年には日本の人口は6,485万人まで減少するという（中位の場合、4,959万人。低位の場合、3,795万人）。人口

減少社会の到来は以降、日本が避けて通れない課題として深い影を落とすことになる。

　さて、国内政治においても新たな動きが生まれる。2016 年 3 月 27 日、民主党と維新の党が合流し、民進党が結党される。結党大会では代表に岡田克也、代表代行に江田憲司、幹事長に枝野幸男が選出された。民主党政権喪失以降の新たな野党再編のはじまりである。なお、橋下はじめ大阪維新の会グループや片山虎之助らは、既に 2015 年 8 月に維新の党を離党し、10 月に「おおさか維新の会」を結成していた。

　一方、東京都知事選挙が 2016 年 7 月 31 日に投開票され、小池百合子が 291 万票を超える得票で圧勝する。その後、9 月 20 日には小池を支持する政治団体「都民ファーストの会」が発足する。都民ファーストの会は翌 2017 年 1 月に地域政党に衣替えし、7 月 2 日の東京都議会議員選挙に 50 人の候補者を擁立、49 人（追加公認を含めると 55 人）を当選させ、選挙協力を行った公明、東京・生活者ネットワークの当選者を加え過半数を制する。小池はその直後、野党再編の一つの核として名乗りを上げることになる（後述）。

3)　トランプ大統領の誕生

　2016 年 11 月に海外から再びビッグニュースが飛び込んでくる。11 月 8 日に投開票されたアメリカ大統領選挙でドナルド・トランプが民主党候補のヒラリー・クリントンを僅差で破って、当選をはたしたというニュースだ。当初、優勢が伝えられたのは民主党のヒラリーであった。「ガラスの天井」を破り、アメリカ初の女性大統領誕生への期待もあった。しかし、ヒラリーは民主党の予備選挙における左派のバーニー・サンダースとの争いで思わぬ苦戦を強いられる。本選挙では民主党の地盤であったペンシルベニア州、ミシガン州、ウィスコン州でトランプに敗れ、結果的にこれが僅差での敗北に

つながった。これらの州はかつて自動車産業をはじめとする工業地帯として栄えたが、現在は工場の海外移転などにより衰退を余儀なくされ、「ラストベルト（錆びた地帯）」と呼ばれていた。ここに住む労働者階級は伝統的に民主党を支持していたが、地域の衰退を食い止める有効な政策を提示しえないことから民主党支持票が離反しつつあった。加えて TPP 協約（環太平洋連携協約）にも根強い反対があった。このため TPP 推進のヒラリーから TPP 反対を鮮明にしていたトランプに票が流れたといわれている。ちなみに民主社会主義者を自認するサンダースは TPP 反対論者であった。一方のトランプはテレビ出演によって知名度を上げた富豪の実業家だが、政治経験はなく、選挙戦当初は「キワモノ候補」の扱いであった。しかし、彼が掲げた「アメリカ・ファースト」をキャッチフレーズとした露骨なまでの自国中心主義的政策は、格差拡大にあえぐ下層労働者の気持ちをつかんだ。こうした構図はイギリスの EU 離脱国民投票における労働者階級の投票行動と一定の類似性を持つ。ブレイディみかこの言葉を借りれば「右か左かではなく、上か下か」が投票行動の決め手となる時代であるということだ。保守（右）もリベラル（左）も所詮、富裕なエスタブリッシュメントの利害しか代弁しない。既成政党や既得権益者は自分たち日焼けした赤い首（レッドネック）の白人肉体労働者層が貧困化するのを気にも留めていない。このままでは自分たちに未来はない。せめて既成権力に戦いを挑んでくれそうな候補者に一票を託そう。こうした国民感情がトランプを生んだといっても過言ではないだろう。

　トランプは 2017 年 1 月 20 日、第 45 代大統領に就任。その直後から「アメリカ・ファースト」の公約に沿った政策を、内外からの抵抗にもたじろぐことなく矢継ぎ早に着手する。就任演説では TPP 離脱を正式表明した。また、就任日当日に医療保険制度改革（オバマ・ケア）撤廃の大統領令に署名している。1 月 25 日には移民排斥のためにメキシコ国境に「壁」を建設する大統領令に署名した。6 月 1 日にはパリ協定からの離脱を宣言（2019 年 11

月 4 日に正式に離脱通告し、1 年後の 2020 年 11 月 4 日に正式離脱。2021
年 1 月 20 日に第 46 代大統領に就任したジョー・バイデンがパリ協定復帰
の大統領令に署名）。こうしたトランプ政治は支持者の熱狂と反対派の怒り
をともにあおる結果となり、アメリカ社会は深刻な分断と対立に覆われるこ
とになる。

4)　森友学園問題の浮上と維新の関与

　2017 年に入ると安倍政権を重大な政治スキャンダルが襲う。朝日新聞は
1 月 7 日、財務省が学校法人森友学園に払い下げた大阪府豊中市の国有地の
土地売却価格が周辺の 10 分の 1 程度の低価格であったと報じた。財務省は
同土地を鑑定価格 9 億 5600 万円より 8 億円余りも安い 1 億 3400 万円で売
却したというのだ。しかも森友学園が同地に開校予定の小学校の名誉校長に
安倍首相の妻である安倍昭恵夫人が就任予定であるということから、何らか
の政治的関与が疑われた。「森友学園問題」の浮上である。野党は 2 月 9 日
以降、国会において真相を追及。安倍首相は 2 月 17 日、野党の追及に対し
て自らの関与を否定する答弁の中で、「私や妻が関係していたということに
なれば、まさに私は、それはもう間違いなく総理大臣も国会議員も辞めると
いうことははっきり申し上げておきたい」と述べた。この発言が財務省官僚
による公文書の隠ぺい、改ざんを招き、佐川宣寿・財務省理財局長（当時）
の指示により上司から公文書の改ざんを命じられた近畿財務局の職員が自殺
するという事態をも招くことになる（近畿財務局赤木俊夫職員が決裁文書か
ら昭恵夫人や政治家らの関与を示す部分の削除を強制され、うつ病を発症。
2018 年 3 月 7 日に自殺）。
　ところで森友学園問題では、大阪維新の会の関与も取り沙汰された。国会
における森友学園問題追及の過程で、森友学園の籠池泰典理事長が 3 月 23

日、国会に証人喚問された。参議院予算委員会での証人喚問で、籠池理事長は今回の事態を「はしごを外された」ようなものと答える。自民党の西田昌司参議院議員の「誰にはしごを外されたのか」との質問に、籠池理事長は、「松井一郎大阪府知事という風に思っています」と証言。西田議員は大阪府の対応についても疑問を呈した。これを受けて自民党大阪府議団は百条委員会の設置を求めるが、当初賛成を表明していた松井知事はその後、設置反対に転じ、百条委員会設置の動議は府議会において維新と公明の反対で 2 度にわたって否決される。そのため、当初認可に慎重であった大阪府私学審議会がどういう経過を経て条件付き認可に転じたのかは、いまだ藪の中である。

　同じころ、安倍首相に関わるもうひとつの疑惑が表面化する。社民党党首の福島瑞穂議員が 3 月 13 日の参院予算委員会で行った質疑を発端とする「加計学園問題」である。岡山理科大学（学校法人加計学園）が愛媛県今治市に獣医学部を設置することが、国家戦略特区の制度を活用することで文部科学省に認可されるが、この認可が安倍首相の意向を受けた、加計学園ありきの認可ではないかという疑惑である。朝日新聞は 5 月 17 日、内閣府が「総理のご意向」として認可を迫った経緯を記した文書が文科省に存在することを報じる。

　森友学園問題と加計学園問題は両者を合わせて「モリカケ問題」とネーミングされ、安倍首相による官邸主導政治の弊害の象徴としてメディアに取り上げられた。国会における野党の追及の的ともなった。「忖度」は流行語となり、「インスタ映え」とともに 2017 年の流行語大賞に選ばれた。「モリカケ問題」が注目を集めた根底には、疑惑そのものの深刻さもあるが、格差社会の拡大が指摘される一方で、特権的地位にある富裕層や権力者はルール違反を犯しても守られるような社会に日本の政治が退化してしまったことへの国民の怒りがあった。「上級国民」というような言葉もこの頃現れる。いずれにしても「モリカケ問題」は国民の反発を招き、安倍内閣の支持率は低下

する（例えば毎日新聞が 6 月 17 日から 18 日に行った世論調査では、内閣
支持率は 36％で 10 ポイントの下落、不支持は 44％で 9 ポイントの上昇。
加計学園問題についての政府調査に 74％が「納得していない」と回答）。6
月 18 日の通常国会が閉会すると、攻勢をかけるべく野党は 6 月 22 日、臨
時国会の召集を要求する。しかし、安倍首相は 98 日間にわたってこれに応
じず、9 月 28 日にやっと招集した臨時国会では施政方針演説すら行わず冒
頭解散に打って出た。その間に、この後触れるが、野党再編をめぐる大きな
動きが起こることになる。

5)　フランスではマクロン大統領が誕生、韓国では朴大統領が罷免される

　その前にまたひとつ海外で大きな政治的変化がおこる。フランスの大統領
選挙と国民会議（下院）選挙である。2017 年 5 月 7 日の決選投票は新党「共
和国前進」を率いる弱冠 38 歳のエマニュエル・マクロン候補と極右政党「国
民戦線」のマリーヌ・ルペン候補との間で争われ、マクロン候補が 66％の
得票で圧勝した。そして 6 月 18 日のフランス国民議会選挙で、新党「共和
国前進」は 308 議席を獲得し、過半数を制した。「マクロン旋風」と呼ばれ
るフランス政治の激変である。この大統領選挙は大きく 3 点で世界の注目を
集めた。第一はマクロンの華々しい登場と躍進。第二は極右勢力の台頭。そ
して第三はこれまでフランス政治を牛耳ってきた二大政党、共和党と社会党
の凋落である。特に社会党の凋落ぶりは深刻だった。4 月 23 日の第 1 回投
票において、社会党の候補は急進左派政党「不服従のフランス」党首のリュッ
ク・メランションにも 3 倍以上の得票差で敗れ 5 位に低迷した。メランショ
ンは 2008 年に社会党を離党し左翼党を結成した反グローバリズムの旗手と
もいえる政治家で、「不服従のフランス」は彼を大統領候補にするために結
党された。なお、国民議会選挙では「不服従のフランス」は 17 議席を獲得（皆

増）、社会党は 286 議席を減らし 45 議席にとどまった。

　さらに隣国の韓国でも政権交代が起きる。朴槿恵大統領（当時）は 2017 年 3 月 10 日、崔順実ゲート事件といわれる政治スキャンダルにより憲法裁判所に罷免され、失職する。この事件は 2016 年 10 月に表面化した。朴槿恵と親密な崔順実が関与する財団への出資を大統領府の高官が強要したという財閥を巻き込んだ疑惑であり、疑惑究明の声は財閥と癒着した朴槿恵大統領の退陣を求める一種の民主化運動へと一気に発展していく。10 月以降、5 次にわたる大規模なデモが展開され、11 月 26 日に行われたソウル中心部での第 5 次デモには主催者発表で 150 万人が参加したといわれる。朴槿恵罷免を受けた大統領選挙は 5 月 10 日に執行され、「共に民主党」の文在寅候補が 41% 強の得票を得て圧勝する。

6）　立憲民主党の躍進、希望の党の失速、維新の埋没

　日本の野党再編に話を戻す。まず政局が動くのは前述したように 2017 年 7 月 2 日に投開票された東京都議会議員選挙である。前年の都知事選挙で勝利した小池知事が率いる「都民ファースト」が追加公認を含めて 55 議席を獲得し、圧勝する。自民党は過去最低を更新する 23 議席と惨敗した。都議選最終日、応援演説ではじめて秋葉原駅前に出た安倍首相が、「安倍辞めろ」コールをする人々に激昂し、聴衆を指さして「こんな人たちに、私たちは負けるわけにはいかない！　都政を任せるわけにはいかないじゃありませんか！」と叫んだことも話題を呼んだ。

　一方、蓮舫・民進党代表は 7 月 27 日、日本と台湾の二重国籍問題に対する対応の不備の責任を取る形で辞任に追い込まれる。民進党は 9 月 1 日、蓮舫の後任代表選出のための臨時党大会を開催し、前原誠司が枝野幸男を破り新代表に就任する。小池都知事は 9 月 25 日、新しい国政政党「希望の党」

を結成し、自ら代表に就任することを表明。次期衆院選では全国で候補者を擁立すると述べ、野党再編が本格化する。

　このころ国会は6月18日に通常国会が閉会して以降、6月22日の野党による臨時国会召集要求にもかかわらず、モリカケ問題に対す安倍首相の追及逃れと批判されながらも98日間にわたって閉会されたままであった。安倍首相は9月28日、ようやく召集された臨時国会の冒頭に衆議院を解散した。総選挙は10月10日公示、22日投開票と決まる。ちなみに冒頭解散は戦後4回目、21年ぶりだが、内閣改造後一度も国会における首相の演説や閣僚の質疑を行うことなく解散するのは戦後初のことだ。また、野党の臨時国会召集要求にもかかわらず98日間にわたって召集しなかったことは憲法53条違反であるとして3件の裁判が提訴された。

　なお、憲法53条の条文は「内閣は、国会の臨時会の召集を決定することができる。いづれかの議院の総議員の四分の一以上の要求があれば、内閣は、その召集を決定しなければならない」というもの。裁判の1・2審では原告敗訴となった。ただ、那覇地裁の判決は「憲法五三条に関し『少数派の国会議員の主導による議会の開催を可能にする』目的があると指摘。内閣には『要求を受けた場合、臨時国会を召集すべき憲法上の義務がある』と言明した。『単なる政治的な義務にとどまらず、法的義務があると解される。（召集しなければ）違憲と評価される余地はあるといえる』と述べた」（「東京新聞」2020年6月12日）。最高裁は2023年9月12日、3件を統合して審査した判決を言い渡したが、憲法判断を避け上告を退けた。しかし、5人の裁判官のうち宇賀克也裁判官は「内閣は議員の要求から20日以内に召集の義務を負う。今回の臨時国会の審議は全く行われなかったので、要求は拒否されたと見ざるをえず、特段の事情がないかぎり違法といわざるをえない」との反対意見を表明した。

　解散当日、前原民進党代表は小池知事率いる希望の党に事実上合流して選

挙に臨むとし、民進党公認内定をすべて取り消し、予定候補者には改めて希
望の党に公認申請するよう求めると表明する。これに対し共産党は前原の希
望の党合流方針を重大な背信行為とし、希望の党に合流した候補者の選挙区
には対立候補を立てると宣言。一方、希望の党の小池代表は 9 月 29 日、「 i ）
維新の会とは棲み分けをめざす、 ii ）民進党からの合流希望者を全員受け入
れるということはさらさらない。基本政策が一致しなければ排除する」と述
べる。翌 9 月 30 日に小池代表は維新の会の松井代表と会談し、大阪におい
ては希望の党の候補者を擁立しないと約した。こうした事態を受けて枝野民
進党代表代行は 10 月 2 日、記者会見において新党「立憲民主党」の結成を
表明。希望の党が排除した民進党前職ら数十人の受け皿としたいと述べた。
また、前年の参院選での野党共闘の枠組みを継続すると表明し、野党候補の
一本化を進めることとした。

　10 月 22 日に投開票された選挙の結果は、自民党が 284 議席と公示前議
席を維持し、公明党の 29 議席と合わせて 3 分の 2 にあたる 310 議席を超えた。
一方、野党では設立されたばかりの立憲民主党が追い風を受け 15 議席から
55 議席と躍進。希望の党は 57 議席から 50 議席、維新の会は 14 議席から
11 議席と低迷した。また、共産党は立憲ブームのあおりを受けて 21 議席か
ら 12 議席と後退したが、野党共闘方針の継続を表明した。社民党は 2 議席
を維持した。選挙を受けて 11 月 1 日、特別国会が召集され、安倍首相が第
98 代内閣総理大臣に選出される。希望の党の小池代表は 11 月 15 日、代表
を辞任。後任の代表に玉木雄一郎共同代表が選出された。

7)　現代日本政治における「第三極」の意味

　この選挙結果は何を意味するのだろうか。モリカケ問題から支持率が低迷
していた自民党が現有議席を維持し得たのは、野党分裂のおかげといえる。

民進党が合流した希望の党は一気に政権交代をめざしたにもかかわらず、リベラル派やベテラン議員を選別排除した結果、反自民、反安倍の支持はむしろリベラル派が立ち上げた立憲民主党に集まることになった。政権奪取の現実的な可能性を失うとその支持は一気に失速した。この希望の党と中途半端な形で連携した日本維新の会も埋没を余儀なくされ、拠点である大阪においても小選挙区で勝利し得たのは 3 選挙区にとどまった。この選挙では希望の党や維新は失速したが、いわゆる「第三極」と自己を規定する政党はその後も政局に一定の影響を与えている。その主張の特徴は、経済における新自由主義と政治における国家主義の融合にあるといえ、今の自民党主流派の主張と大差ない。「ゆ党（野党と与党の間）」と揶揄される所以である。しかし、客観的に見ればこれらの政党は、リベラルを基軸とする野党共闘に分岐を持ち込むとともに、政権にあって「福祉の党、平和の党」を自任する公明党の存在意義を相対的に希薄化するような政治的役割を果たしている。その意味では、結果として EU 諸国における極右政党と似通った役割を果たしかねない危険性を有している。

　2018 年、大阪においては住民投票実施の展望のないままに都構想をめぐる法定協議会が頻繁に開催されていた。一方、国内ではモリカケ問題の追及が続くが、政府の説明は国民の納得できる全容解明にはほど遠いものに終始した。野党再編の動きとしては 5 月 7 日、民進党を存続政党とし、希望の党を吸収合併する形で国民民主党が設立されたが、不参加者が相次ぎ、野党第一党は引き続き立憲民主党となった。9 月 30 日、翁長雄志知事の死去に伴う沖縄知事選挙が投開票され、辺野古移設反対を掲げた玉城デニー候補が圧勝する。国際政治では、韓国の文在寅大統領と北朝鮮の金正恩朝鮮労働党委員長が板門店で会談。6 月 12 日には米朝初の首脳会談がシンガポールで開催されるなど、朝鮮半島非核化の進展が期待されたが、その後北朝鮮は再び核開発に転換してしまうことになる。

　2019 年 5 月 1 日午前 0 時をもって皇太子が新天皇に即位。元号は「令和」
と改元された。既に 2017 年 12 月 1 日、皇室典範会議が開催され、天皇退
位を 2019 年 4 月 30 日、新天皇即位を同年 5 月 1 日とし、同日に新元号に
することを決定していたことを受けたものだ。
　ところで、平成の 30 年は期せずして「失われた 30 年」といわれる時代
と重なっている。この言葉には、右肩上がりの経済成長が期待できなくなっ
た時代の不安（空白）、さらにその空白を埋めることのできる政治の不在（空
白）を象徴しているように思う。この空白をテコに、未来への期待感を演出
してきたところに維新の存在があるといえよう。

4章

吉村知事・松井市長時代

（2019年4月〜2023年3月）

1　都構想住民投票で再度の「否決」と
　　吉村知事のコロナ対応の問題点

1)　公明党、都構想賛成に転換

　統一自治体選挙の後半戦は 2019 年 4 月 21 日に執行された。ここでも維新は順調に議席の拡大を勝ち取る。また、八尾市長選挙においては現職の田中誠太市長が維新の擁立した大松桂右候補に惜敗する。田中市長は大阪府市長会会長も務めた重鎮で、2015 年の都構想住民投票でも反対を鮮明にして発信し続けた人物でもあっただけに、維新府政に対抗する運動にとっては大きな痛手であった。

　さらにその翌日の 22 日、竹山修身堺市長が多額の政治資金収支報告未記載問題で市民の信頼を裏切り、市政を混乱させた責任を取るとして、辞職願を堺市議会に提出した。堺市議会は 4 月 26 日、臨時市議会で辞職願を可決。市長選挙は 5 月 26 日告示、6 月 9 日投開票で執行されることになった。大阪市と隣接する政令市の市長として大阪都構想反対の旗頭ともいえた竹山市長の、しかも自身の政治資金問題に端を発した引責辞職は、反維新陣営にとって痛恨の事態であった。

　統一自治体選挙と 3 度目となる大阪ダブル選挙の結果を受けて、再び都構想問題が動き出す。公明党大阪府本部代表（当時）の佐藤茂樹衆議院議員は 5 月 11 日、記者会見で 2 度目の住民投票を 2023 年 4 月までに実施することを容認する方針を発表した。ただし、この時点では都構想への賛否につい

ては触れなかった。また同日、自民党大阪府連会長に就任した渡嘉敷奈緒美衆議院議員（当時）も住民投票実施については容認の姿勢を示す。

　大阪維新の会代表の松井大阪市長と公明党大阪府本部佐藤代表は5月25日、大阪市内のホテルで会談する。この会談で公明党が提示した4項目の前提条件を都構想案に受け入れることに維新が同意する見返りに、公明党が都構想賛成に転じることで両代表は合意した。両者は会談後の共同記者会見で、法定協議会で1年をめどに協定書をとりまとめ、まとまった協定書を速やかに可決し住民投票を実施することで合意したと公表した。なお、公明が提示した4項目の前提条件とは、ⅰ）住民サービスが低下しない、ⅱ）特別区設置のコストはできるだけ最小限にする、ⅲ）現行の区役所の役割・機能を維持し窓口サービスを低下させない、ⅳ）児童虐待防止対策のために全特別区に児童相談所を設置する、の4項目であった。

　しかし、新たな協定書案（特別区の「設計図」）において、この4項目が達成されたわけではなかった。住民サービスの低下を招かないことを裏打ちする財源の保障は明確にされなかった。むしろスケールメリットが損なわれることによる財源不足や特別区間に生じる財政格差への懸念は高まっていた。また、特別区設置コストの抑制のために、当初、新北区（特別区）の本庁舎に充てられるとされていた中之島庁舎（現在の大阪市役所本庁舎）に、新淀川区や新天王寺区（ともに特別区）の本庁の執務室が間借するという案になった。つまりこれらの特別区においては、本庁舎が区域外にあるという奇妙奇天烈な案になってしまった。そのため第2回住民投票に付される協定書案は、第1回目の案以上に粗雑粗暴な案になってしまったといえる。なお、第2回協定書案の分析については、『「大阪都構想」ハンドブック 「特別区設置協定書」を読み解く』（大阪の自治を考える研究会編著、2020年7月、公人の友社、資料3）で詳しく行っているので、参照していただきたい。

　竹山市長辞任に伴う堺市長選挙には、維新公認の永藤英機候補と無所属で

都構想反対派が支援する野村友昭候補（自民党堺市議）、「NHK から国民を守る党」公認の立花孝志（同党代表、葛飾区議会議員）の 3 人が立候補。6 月 9 日に投開票され、永藤候補が 137,962 票を獲得し、野村候補の 123,771 票に僅差で勝利した。予想以上の接戦は堺市民の都構想に対する警戒感の根強さの表れと評された。

2)　第 2 次協定書のとりまとめ、淡々と進む

統一選挙後初となる第 24 回法定協議会が 2019 年 6 月 21 日に開催された。維新の委員が過半数を占めたこともあり、今後の日程などが波乱なく確認された。以下に 2019 年末までの法定協議会の開催概要について一括して整理しておく。なお、第 25 回開催まで 2 か月のブランクが生じているのは、参議院選挙があったからである。参院選に関しては後述する。

- 第 25 回（8 月 26 日）…特別区設置による経済効果額等を報告書作成の嘉悦学園が説明し、質疑が行われた。委員側からは信頼に値しないものだ等の厳しい意見も出された。
- 第 26 回（9 月 12 日）…各会派から修正意見等が出された。また今井法定協会長は、来秋に住民投票を実施するため、議論を加速化し年内に具体案をまとめる方向で進めると語る。
- 第 27 回（10 月 24 日）…今井会長が年内に優先的に取り上げようとする 12 項目の論点を示し、これに基づき、特別区の名称、庁舎の位置・設置コスト、各区の議員数等の質疑・委員間協議が行われた。
- 第 28 回（11 月 5 日）…府と特別区のそれぞれの事務分担、税財源配分、窓口サービスの維持等が協議された。
- 第 29 回（11 月 22 日）…特別区への移行時期、組織体制などが議

論され、制度案の大枠がほぼ固まった。政令市を廃止し、特別区への移行時期は 2025 年 1 月 1 日とする方向も確認された。

- 第 30 回（12 月 10 日）…主要論点の修正協議を行った。この日は府と 4 特別区間の財源配分が中心。
- 第 31 回（12 月 26 日）…政令市の大阪市を廃止し 4 特別区に分割する制度移行日を 2025 年元日とする大枠について各会派が意見を表明し、中間採決を行った。維新・公明が賛成、自民・共産が反対したが、賛成多数で可決された。

　このように再開後の法定協議会は、維新委員で過半数を制していること、公明が都構想「賛成」に転じたことにより、両議会での議決も含めて住民投票までは事実上不可避となったことを受けて、表面的には淡々と進んでいく。

　時系列をさかのぼるが、ここで 2019 年 7 月 22 日に執行された参院選の大阪選挙区について振り返っておく。候補者は、維新が現職の東徹に加え新人で元フリーアナウンサーの梅村みずほのふたりを擁立。公明は現職の杉久武、自民は現職の太田房江を擁立。2016 年の選挙で議席を得られなかった野党は、共産が現職の辰巳孝太郎、立憲が新人で弁護士の亀石倫子、国民が新人でスリランカ出身の大学教授のにしゃんたを擁立した。結果は 1 位、2 位を維新が独占し、2016 年に続いて 2 議席を獲得した。これに公明、自民が続き、野党は今回も議席獲得に至らなかった。立憲民主党は 2017 年の結党時の総選挙の勢いを 4 月の統一自治体選挙とこの参院選につなげるべく、入れ墨訴訟などで注目された人権派弁護士でテレビ出演などにより知名度も高い亀石倫子の擁立を 2018 年 9 月に決め、統一自治体選挙とも連動した運動を展開した。しかし、統一選にダブル選をぶつけるという維新の奇策の前に、大阪の有権者の注目は維新に集まり、大阪の立憲民主党は結党時の勢いを維持できなかった。立憲は大阪市議選でひとりの公認候補の当選もはたせ

ず敗北する。続く参院選では立民・国民の候補者一本化も失敗し、野党乱立の選挙となる。選挙戦では共産候補との接戦が続いたため勝てる可能性の高い候補者に投票先を集中するという野党共闘的な選択も働かず、亀石、辰巳は「共倒れ」の結果となった。

3）　コロナ襲来の中、第2回住民投票実施が決定

都構想関係に話を戻す。年が明けて2020年となる。

- 第32回（1月31日）…中間採決を踏まえ、特別区内の新住所などが議論された。今後、「協定書」の作成に向けて詳細を詰めることを確認。
- 第33回（2月28日）…職員数や特別区の名称などが議論された。協定書作成のための審議はこれで事実上終了し、この後、住民説明会が行われ、6月ごろに協定書を議決する予定を確認。

　住民説明会については、1月16日に開催された大阪府・市の法定協議会の代表者会議で、特別区の制度案の概要を大阪市民に説明し意見を聴く「出前協議会」を4月に4回開くことを決めていた。

　なお、この2回の協議会の間の2月14日、IRの事業者公募が締め切られた。しかし、申請したのは米国のＭＧＭリゾーツ・インターナショナルとオリックスのグループ1社だけであった。これにより、事業者同士の競争の機会がなくなり、事業者に主導権を握られ、自治体の負担が増えるのではないかとの懸念の声が上がった。それはやがて現実のものとなる。

　都構想に関する「出前協議会」開催の直前、新型コロナウイルスのパンデミックが世界を襲う。法定協議会の今井会長は3月23日、コロナウイルスの感染拡大を受けて4月5日から18日にかけて協定書案の特別区案に相当

する区域ごとに予定していた「出前協議会」の中止を発表する。以降、大阪府政、市政も都構想議論もコロナ禍に翻弄されることとなる。

　「出前協議会」については、その後法定協議会代表者会議でゴールデンウィーク後への延期を決めるが、感染状況が沈静化しない事態を受けて、4月28日に再び中止を決定する。松井市長は4月1日、「コロナ問題がこのままであれば住民投票はできない」と延期を含む見直しに初めて言及する。しかし、感染状況が緩和し始めた5月15日、感染が抑制できている場合は予定通り11月上旬に実施すると修正。これを受けて今井法定協会長も同日、早ければ6月19日の法定協議会で協定書を取りまとめると言及する。コロナ感染の今後について見通しが立たない状況下で、維新は11月の住民投票強行に舵を切った形だった。

- 第34回（6月11日）…3ヶ月半ぶりに開かれ、事実上の審議を終了した。その後、代表者会議が開かれ、次回の法定協で各会派の意見表明後、起立採決を行うことを決めた。
- 第35回（6月19日）…協定書案の起立採決が行われた。両首長ら維新10人、公明4人、自民府議2人が賛成し、自民市議2人と共産1人が反対した。
- 第36回（7月31日）…高市総務相から特段の意見はないとされ、協定書は正式に決定した。

　協定書が決定されたことを受けて、大阪府議会は8月28日、臨時会最終日に協定書の採決が記名投票で行われ、民主・共産各2と自民11の15人が反対したが、賛成多数で可決した。大阪市議会も9月3日、維新・公明の賛成多数で可決した。第37回法定協議会が9月4日に開かれ、吉村知事・松井市長から今井会長に両議会で協定書を議決したことが通知された。これ

「大阪都構想」の是非を問う住民投票が告示され、啓発のため大阪市役所前に設置される看板＝大阪市北区で 2020 年 10 月 12 日午前 11 時 2 分、山田尚弘撮影（毎日新聞）

によって 60 日以内に住民投票が実施されることが確定した。大阪市選挙管理委員会は 9 月 7 日、住民投票について、10 月 12 日告示、11 月 1 日投票で実施することを決定。併せて、今回は投票用紙に大阪市廃止と明記することを決めた。この結果、投票を呼び掛ける選挙管理委員会のポスターや垂れ幕、横断幕での住民投票の略称は「大阪市廃止・特別区設置住民投票」となり、賛成多数で可決されれば大阪市が廃止されることだけは明確にされた。

4）　コロナ対策における吉村人気と問題点

　ところで松井市長が住民投票強行に言及した 5 月半ばから投票日の 11 月 1 日にかけての大阪のコロナ感染状況はどうだったか。大阪府に最初の緊急事態宣言が発出された 4 月 7 日の新規感染者数は 53 人だった。第 1 波で 1 日あたり最多の感染者数を数えた 4 月 9 日は 92 人。これらの感染者数に比

べ、39 県で宣言解除となった 5 月 14 日は大阪でも 3 人といったんは鎮静化したといえる。しかし、6 月末ごろから再び増加に転じ、第 37 回法定協議会が開催された 9 月 4 日で 76 人、10 月 23 日には 100 人に達し、住民投票運動がピークを迎えた前日の 10 月 31 日には 143 人に上った。その後、感染者数は急増し、年末年始にかけて第 2 波のピークを迎える。全国的な傾向ではあるが、東京に次ぐ大都市で常に感染者数が東京に次いで多かった大阪で、この日程での住民投票の強行が適切であったかは、コロナ感染予防対策の観点からも検証が求められるだろう。

　コロナ下での住民投票が着々と準備される一方で、吉村知事は連日、ぶら下がりの記者会見や関西ローカルのワイドショーなどでテレビへの出演を続けた。後手にまわる政府のコロナ対策が批判を浴びる中、吉村知事は積極果敢にコロナ対策を進める知事として評価を上げた。しかし、いくつかの批判も浴びた。ひとつは医療新興企業アンジェスが開発をめざした国産ワクチンいわゆる「大阪ワクチン」へのコミットの仕方だ。「吉村知事は、開発発表翌月の 20 年 4 月、記者団に『7 月頃には初の治験ができる。9 月頃には実用化し、年内には 10 万、20 万人に接種する。これは絵空事ではない』と強調した。同年 6 月の記者会見でも、『ぜひ大阪で実現させたい。オール大阪で取り組んでいく』などと、前のめりとも取られる発言を繰り返した」（読売新聞 2022 年 10 月 5 日）。治験や実用化の見通しを知事が軽々に語ったことに批判が集まった。また株価への影響を問題視する声もあった。「同社の株価は、開発発表前の同年 2 月 28 日には 375 円だったが、知事の発言に呼応するかのように同年 6 月 26 日には 2492 円まで急騰」と同記事は伝えている。結局、実用化には至らないまま 2022 年 9 月、アンジェスは開発中止を発表した。

　吉村知事の軽率な発言はさらに続く。2020 年 8 月 4 日、吉村知事は緊急記者会見で、「ポビドンヨードのうがい薬をすることで、このコロナにある意味、打ち勝てるんではないかとすら思っている」と発言した。ご丁寧にも

記者会見に臨む吉村知事の前には、多くのうがい薬が並べられていた。専門家や医療団体の抗議を受けて、吉村は軌道修正を図る。しかし、誤解の原因はマスコミの伝え方にあると、責任をマスコミに転化するだけであった。一方、大阪のドラッグストアからうがい薬が売り切れてなくなってしまうという現象も生んだ。いずれにしても知事がこうしたパフォーマンスに明け暮れているうちに、肝心な医療体制の整備はなおざりにされていたのではないか。その結果は2021年の第4波における大阪の医療崩壊で明らかとなる。

5）　都構想住民投票運動と2度目の「否決」

　2度目の住民投票に話を戻す。日程が確定したことで賛成、反対問わず住民投票運動は本格化していく。既に平松元市長を中心に2020年2月、多くの反対派市民団体の結節点を担う組織として「大阪・市民交流会」が結成され、活動をスタートさせていた。都構想に反対する環境NGOや介護団体、障害者団体など多様な市民によって9月28日、「REAL OSAKA」が結成される。設立の記者会見で代表に就任した田中誠太前八尾市長は「11月1日の住民投票に向けて街頭活動や情報発信を積極的に行っていく」と語った。「どないする大阪の未来ネット」「大阪市はワンチーム」「残そう大阪＠SADL」「都構想を考える市民の会」など多種多様な市民団体が結成され、各々手作りの宣伝グッズを手に草の根的な反対運動を展開した。なお、こうした市民による反対運動については、武田かおり・NPO法人AMネット事務局長の「これまでにない市民の動きが大阪市廃止を阻止した」（『市政研究』2021冬210号）に詳しい。微力ながら私たち「大阪の自治を考える研究会」も『「大阪都構想」ハンドブック　「特別区設置協定書」を読み解く』（2020年、公人の友社）を発行してその運動の一端を担った。

　一方、賛成を掲げた維新の会は、前回同様テレビCMをはじめ賛成運動

を行ったものの、前回ほどには派手な宣伝活動は行わなかった。松井代表は10月10日、大阪維新の会全体会議において「前回のような余りにもエキサイティングするのではなく、冷静に市民に判断してもらうよう運動を展開する」と語ったと報じられた。行政による住民説明会も当初8回予定されていたが、コロナの影響で会場4回、オンライン3回が開催されたのみで、しかも入場者数はごく限られたものとなった。

　維新の会が賛成運動を前回ほど積極的に展開しなかった理由には、コロナを配慮した側面もあろうが、公明が賛成に転じたことや吉村人気、それを裏付ける事前の世論調査結果を過信したことによる油断があったのではないだろうか。朝日新聞が9月26日から27日に実施した世論調査によると賛成は42％、反対は37％で賛成優位であった。他の新聞社の調査では10％以上差のあるものもあった。しかし、投票日が近付くにつれてその差は縮まっていった。草の根運動とともに、テレビ討論で反対派を代表して登壇した北野妙子・自民党市議や山中智子・共産党市議の都構想批判が、賛成派を代表して登壇した維新の松井市長や公明党の肥後洋一朗府議団幹事長らの都構想を支持する発言より圧倒的に説得力があったことも反対派猛追の原動力となった。終盤に焦りを感じた維新は、松井、吉村とともに公明党の山口那津男代表を街頭宣伝に立たせ都構想賛成を訴えさせたが、むしろ逆効果となったのではないか。都構想とは直接関係はないが、投票日目前の10月23日、大阪維新の会顧問でもある富田裕樹池田市長が庁舎に私物の健康器具や簡易サウナを持ち込んでいたことや職員に対してパワハラを繰り返していたことが報じられたのも、維新のイメージダウンという意味では逆風といえた。また、毎日新聞が10月26日の夕刊トップで、大阪市を単純に4分割すると単一の場合と比較して自治体としてのスケールメリットを失い、地方交付税の基礎データとなる基準財政需要額が約218億円増加するとした大阪市財政局の試算を掲載した。都構想案では特別区に分割されても地方交付税は増額

されないので、この試算は特別区が約 218 億円の財源不足に陥る危険性が高いことを意味した。これに松井市長が捏造だとかみつき、過剰反応することで記事はむしろ拡散された。

　住民投票の投票結果は、反対票が 678,813 票（得票率 50.6%）、賛成票が 667,283 票（49.4%）で、再び僅差の反対多数で都構想は否決された。ちなみに 2015 年住民投票では反対票が 705,585 票（得票率 50.4%）、賛成票が 694,844 票（49.6%）だった。投票率は 62.3% で、2015 年の 66.8% を 4.5 ポイント下回った。それでも新型コロナウイルスの感染拡大が懸念される中で、この投票率は極めて高いといえる（参考／大阪市長選挙投票率 2011 年 60.92%、2015 年 50.51%、2019 年 52.7%）。

　否決後の記者会見で、松井市長は「私自身のけじめをつけなければならない」と、市長任期の満了をもって政界を引退することを表明した。また、吉村知事も「僕が政治家として都構想に挑戦することはない」と述べ、知事選再出馬については否定しなかったものの、知事在任中の 3 度目の住民投票への挑戦は否定した。しかし、知事、市長の残任期は 2023 年 4 月まで約 2 年半あり、その間は議会の勢力地図も変わらないことから、維新政治は継続されることになる。

　6）「否決」顧みず、「府市一元化条例」を強行

　この残任期を利用して維新は大阪市の権限と財源の多くを実質的に大阪府に譲り渡す制度改革を推進する。同時に都構想なきあと、維新の看板政策ともなった大阪・関西万博の成功、IR カジノの誘致実現にまい進する。

　松井市長は都構想が再び否決された直後の 11 月 5 日、記者会見で、「住民投票で否決された都構想の代案として府と大阪市の広域行政の一元化に関する条例策定をめざし、来年 2 月定例市議会に提案したい」と語る。この条例

の構想を維新が「バーチャル都構想」などと呼んだように、否決された都構想の内実を府市の条例制定で実現してしまおうとするものといえた。また、総合区制度の導入についての検討も進めるとした。そして12月3日には、「総合区案」「府市広域行政一元化条例案（以下、府市一元化条例と略）」に、公明党が賛成しなければ公明党の候補者が予定されている府内の4小選挙区に維新の公認候補を立てると語った。維新の常套手段ともいえる公明を脅して言うことを聞かせる手口であるが、もはや公明には抵抗する気力も残されていなかったようだ。

　総合区についてはそもそも維新に本気で実現をめざすつもりはなかったようだ。松井市長は翌2021年2月3日、「公明党が時期尚早だとのことなので2月定例市議会への提出を見送る」と語り、以降、総合区制度が市議会の議題に上ることは今のところない。都構想の対案として総合区の導入を主張していた公明党が、この局面で総合区導入にしり込みするのも理解できない。それ以上に、松井のこの総合区制度導入見送り発言は、大阪市廃止・特別区設置で「ニア・イズ・ベター」の基礎自治体を実現するといいながら、維新の本当の狙いが大阪市の権限や財源を府に移管しつつ、大阪の都市開発権限を府に集中させるところにあったことを、はしなくも明らかにしたといえるだろう。つまりこの条例が制定できれば、たとえこの先、大阪市長の座を非維新勢力に奪われても、知事さえ維新が握っていれば何とでもなるというのが、この条例にこだわった維新の本音であった。

　維新が執念を燃やした府市一元化条例は、3月24日に府議会で、3月26日に市議会で、維新と公明の賛成により可決成立し、4月1日施行が決定される（同条例の内容は「資料2」参照）。この条例の根幹は政令市・大阪市の中核的権限である都市計画権限と成長戦略を大阪府に委託する形で一元化を図るという前代未聞のものである。つまり政令市・大阪市は、地方自治法でいう「地域における行政を自主的かつ総合的に実施する役割」（第一条の二）を

自ら放棄し、その権限を大阪府に「委託」するというのである。さすがに多くの市民や専門家からは「先の住民投票結果を無視するもの」「基礎的自治体優先の原則と真逆の暴挙だ」「審議も不十分」などと厳しい批判が巻き起こった。

7）　吉村知事のコロナ対策を検証する

　ここで2021年の大阪における新型コロナウイルス感染状況と対応について整理しておく。前年11月の住民投票以降、感染者数は急激に増加する。第3波である。首都圏1都3県の知事は1月4日、緊急事態宣言の再発令を国に要請するが、吉村知事はこの時点で「大阪は現状では感染の急拡大を抑えており、今は要請する必要がない」として要請しなかった。その結果、大阪への緊急事態宣言発令は首都圏の1月7日から6日遅れの1月13日となり対応の遅れを招いた。しかも、感染者数が減少に転じると関西3府県知事で宣言解除の前倒しを要請し、3月7日に予定していた宣言解除を2月末に早めさせた。この宣言解除を急いだことが失敗であった。解除された3月1日以降、新規感染者は増加し続ける。背景にはアルファ株への置き換わりがあった。第4波である。第4波は東京より大阪の方が深刻であった。東京より1週間早い4月5日にまん延防止等重点措置が発令されたが、4月13日には1日の新規感染者は1000人を超えた。特に大阪で深刻だったのが死者数である。4月16日には二けたに乗り、16人が死亡した。各所から一刻も早い緊急事態宣言の発令が必要だという声が上がった。しかし、吉村知事は菅首相の訪米日程への考慮などから、帰国後の4月20日になるまで緊急事態宣言の要請を行わなかった。やっと3度目の緊急事態宣言が発令されたのは4月25日だった。この日の死者数は21人と東京の4人を大きく上回った。背景に深刻な病床不足があるのは明らかであった。「医療崩壊」という

言葉が現実味を帯びていた。5月11日には55人の死者を数えた。政府の新型コロナウイルス感染症対策分科会の尾身茂会長（当時）は5月28日、厚生労働委員会における立憲民主党の尾辻かな子衆議院議員（当時）の質問に答えて、第4波で大阪においてこれほど死者数が増えた原因について、ふたつ挙げた。ひとつは高齢者施設でクラスターの連鎖が起き、高齢者が多く死亡したこと。もうひとつはまん延防止等重点措置の検討・要請・発令が手間取って遅れたこと、だという。つまり宣言解除の前倒しには前のめりであった吉村知事の判断が、感染拡大に直面して迅速なまん延防止等重点措置の発令要請が求められた局面では対応が後手に回り、結果として対策に後れを生じさせ、被害を拡大させたと尾身会長は暗に指摘したのである。

8)　岸田新首相による解散総選挙と大阪における維新「ひとり勝ち」

　第4波は2021年の5月下旬ごろには鎮静化した。6月17日に大阪を含む10都道府県の緊急事態宣言を解除し、まん延防止等重点措置に切り替える。しかし、6月下旬から再び感染者数は急激な増加に転じる。7月8日には東京に4度目となる緊急事態宣言が発令され、8月2日から、埼玉、千葉、神奈川、大阪の4府県にも拡大される。デルタ株への置き換わりによる第5波の到来である。第5波は感染者数において第4波以前を大きく上回ったが、重症化率や致死率は減少した。大阪府における重症化率は第4波の3.2%（感染者55318人中重症化1757人）に対して、第5波では0.99%（感染者95217人中重症化942人）であった。また、致死率については、これは全国の資料だが、第4波の1.9%に対して第5波は0.2%であった（忽那賢志、「Yahoo!ニュース」2021年9月30日）。

　一方で、第5波は1年延期されていた東京オリンピック・パラリンピックを直撃したために、大きな政治的インパクトを与えた。緊急事態宣言下での

開催となったオリンピック・パラリンピックは無観客での開催となり、開催強行に対する批判も招いた。こうしたことも影響し、菅内閣の支持率は低迷した。しかも衆議院の任期満了が迫っており、近々の総選挙は避けて通れない情勢にあった。追い詰められた菅首相は 9 月 3 日、自民党役員会で総裁選出馬断念を表明する。次期総裁は 9 月 29 日の総裁選挙で岸田文雄に決まり、岸田新首相の下で 10 月 31 日に総選挙が行われる。結果、自民党は解散時より 15 議席減らしたが、261 議席を獲得し絶対安定多数を確保する。悪くても微増と予想された立憲民主党は惨敗し、枝野代表は辞任に追い込まれる。一方、日本維新の会は解散時の 4 倍強の 41 議席を獲得する。その原動力はやはり大阪であった。

　大阪においては維新ひとり勝ちの様相を呈した。大阪 19 小選挙区のうち、自民、維新ともに擁立を見合わせた公明党現職の 4 選挙区を除く 15 選挙区すべてにおいて、日本維新の会の候補が圧勝する。比例においても近畿ブロックでは得票第一党となり、10 議席を獲得する（近畿比例獲得票 3,180,219 票、うち大阪で 1,715,862 票）。自民党大阪府連に所属する候補者では、比例単独 2 位に処遇された柳本顕元大阪市議のほか、13 区の宗清皇一（前職）と 19 区谷川とむ（前職）が比例復活で当選をはたしたが、前職 10 議員と新人 3 人が落選した。立憲民主党は 16 区の森山浩行衆議院議員が比例復活をはたしたが、前回小選挙区を制した 10 区の辻元清美、11 区の平野博文は比例復活もならず落選した。他の野党では共産党の宮本岳志（前職）とれいわ新選組の大石晃子（新人）が比例復活当選となった。

　この結果は何を示しているのだろうか。前回総選挙においては、安倍政権の下、与野党の対決色が際立ち、しかも野党再編の中からリベラル色の濃い立憲民主党が結党されるというドラマチックな展開があり、維新は埋没した。ところが今回の総選挙は、批判を浴びた菅首相が退陣し、ハト派的な装いの岸田首相の下での選挙となった。野党は立憲と旧民主党勢力の統合や選挙戦

術としての「野党共闘」から一定の伸長の見込みがあったものの、最後まで政治的、政策的対決軸が明確にならなかった。その結果として多くの接戦区で自公候補に競り負けてしまった。毎日新聞はこの選挙結果を「勝者なしという民意」と評した。

こうした政局のとき、大阪においては維新が息を吹き返す。ちなみに全国の投票率は前回選挙の53.68%に対して今回選挙は55.93%と2.6ポイントの上昇である。一方、大阪府の投票率は前回の48.39%に対して今回は56.20%と7.8ポイントも上昇している。国政における与野党の争点があいまいな国政選挙においては、大阪では維新への注目度が高まる傾向にある。希望の党との棲み分けという形で野党再編に巻き込まれた前回と異なり、今回の選挙で日本維新の会は大阪維新の会中心の国政政党に純化した。その日本維新の会に大阪の有権者の支持は集った。日本維新の会は、大阪発の政党であることを強くイメージづけることで、大阪の議席を席巻した。

少し時間がさかのぼるが、日本維新の会及び大阪維新の会副代表で法定協議会会長も務めた今井豊大阪府議が8月26日、貝塚市長から違法な現金を受け取ったと報じられた問題の責任を取る形で議員辞職願を府議会議長に提出した。前日には維新に離党届を提出し受理されている。今井は松井市長らとともに、維新結党以来の重鎮で、特に若手議員の選挙活動の指導に辣腕を振るった。松井市長の政界引退を前にしての今井の退場は、維新の組織力に影響を与えるのではないかといわれたが、総選挙の結果を見る限り、維新の勢いにかげりは見られない。

9) 4度目の大阪ダブル選挙が迫るなか、焦点化するIRカジノ問題

2021年末からオミクロン株への置き換わりによりコロナ感染患者が再び急増する。第6波である。オミクロン株は感染力こそ強いが弱毒性であり、

重症化しにくいといわれた。また、ワクチン接種の普及や感染予防対策の定着により、行動規制を強めることなく感染予防に努める対策が重視される。これ以降、厳しい行動規制を要請する緊急事態宣言は発令されなくなる。

　年の瀬も迫ってきた 12 月 21 日、大阪府市は IR の建設予定地の夢洲の土壌対策のために 790 億円が必要で来年 2 月の定例議会に関連予算案を提出すると発表した。費用はすべて市が負担し、IR の開業は 2029 年秋から冬にずれ込むという。これ以降、IR カジノをめぐって、財政負担の膨張の視点からも反対の声が強まってくる。また、2025 年の大阪・関西万博についても建設費用の高騰による負担増、資材不足からの入札不調などが頻繁に起こるようになり、有権者のみならず財界からも懸念の声が上がり始める。

　2022 年には「カジノの是非は府民が決める　住民投票を求める会」が結成され、3 月 25 日から 5 月 25 日を署名実施期間とする条例制定請求署名が取り組まれた。署名は 207,828 筆に達し、必要数の 146,472 筆を大きく上回った。しかし、吉村知事は 7 月 28 日、委員会審議も行わずいきなり本会議に提出し、「改めて住民投票をする意義は見いだしがたい」と住民投票実施反対の意見を述べたうえで採決に付し、大阪維新の会と公明党の反対で否決した。なお、IR カジノ・万博・夢洲をめぐる問題については、5 章の 1 節で改めて取り上げる。

　2022 年は 3 年に 1 度の参議院選挙の年であり、7 月 10 日に投開票された。自民党は参議院の議席を改選前から 8 議席増やし 119 議席を獲得。立憲民主党は 6 議席減らし 39 議席にとどまった。日本維新の会は改選 6 議席から 12 議席と倍増させ、21 議席を確保した。改憲発議に必要な 3 分の 2 議席は 166 議席であり、自公では 146 議席と足りないが、改憲に前向きな維新 21 議席を加えると 167 議席となる。大阪選挙区においては維新（ともに前職）が 2 議席を獲得し、自民、公明の前職候補が当選をはたした。野党は今回も議席を獲得できなかった。

　松井市長は参院選後に日本維新の会代表を辞任。代表選挙は 8 月 27 日に投開票され、後任には馬場伸幸衆議院議員が選出された。新代表に就任した馬場は吉村知事を日本維新の会共同代表に指名した。

　そして大阪における政治の焦点は、2023 年 4 月 9 日に投開票される統一自治体選挙と同日に実施される大阪ダブル選挙に移っていくことになる。

2　コロナ・パンデミック、ロシアのウクライナ侵攻、
安倍元首相銃撃事件

　ここで大阪における政治からいったん離れ、国内外の政治状況について整理しておくが、吉村知事、松井市長時代にあたる約4年間も、国内外ともに激動が続く。2019年12月に中国武漢市で初めて発見された新型感染症が新型コロナウイルス感染症と名付けられ、翌年にはパンデミックとなって世界を襲う。その影響が2020年東京オリンピック・パラリンピックを直撃する。その過程で安倍は持病の悪化を理由に首相を退任し、引き継いだ菅も1年で退陣を強いられる。

　11月のアメリカ大統領選挙では、民主党のバイデンが勝利し、トランプは敗退するが、政権交代をめぐってかつてない混乱が発生する。一方で、中国は香港国家安全維持法案を強権的に可決。事実上、香港の一国二制度は崩壊する。2021年2月、ミャンマーでは軍事クーデターが勃発し、アウンサンスーチー国家顧問らが拘束される。そして2022年2月、ロシアのウクライナ侵攻が始まる。

　7月の参院選の選挙期間中、安倍元首相が応援演説に訪れた奈良の駅頭で、旧統一教会に恨みをもつ男性に銃撃され、死亡するという事件が勃発する。これが契機となり、カルト団体の巨額献金強要問題や自民党議員と旧統一教会の関係のあり方、いわゆる「宗教二世」をめぐる問題などに注目と批判が集まる。また、このころから東京オリンピックにかかわる贈収賄事件が摘発を受ける。

　これらの問題はどれひとつ解決をみないまま、現在も継続している。そん

な中、維新政治とこれに抗する側のたたかいも新たなフェーズに突入しよう
としている。以下、時系列に沿いつつもポイントを絞ってみていく。

1）　コロナ・パンデミックが世界を襲う

　まず、新型コロナウイルスのパンデミックについて概観する。2019 年 12
月に中国武漢市で発見された新型コロナウイルス感染症（WHO による国際正
式名称は COVID-19、以下コロナと略）は、瞬く間に世界に広がり、2020 年 3
月 11 日、WHO テドロス事務局長は「パンデミック（世界的な大流行）」で
あると表明した。
　日本においてはこれに先立つ 2 月 3 日、横浜港に停泊中のクルーズ船「ダ
イヤモンド・プリンセス号」でコロナの集団感染が発生する。船内検疫や感
染者の救急搬送が懸命に取り組まれるが、結果的に乗客乗員 3711 人の約 2
割に当たる 712 人が感染し、13 人が死亡した。この模様はテレビなどで大
きく報道され、国民の間にコロナに対する恐怖心が一気に高まった。安倍首
相は 2 月 27 日、政府内に設置した新型コロナウイルス感染症対策本部の会
合で「全国全ての小・中・高、特別支援学校に対し、3 月 2 日から春休みま
で臨時休校にするよう要請する」と表明するとともに、日常生活や経済への
影響を最小にとどめるよう、必要な法案を早急に準備することも関係省庁に
指示した。唐突な休校要請は子育て世帯を困惑させたが、コロナという病気
の実態がわからない中、従うしかなかった。新型コロナウイルス対策特別措
置法は 3 月 13 日に成立。これに基づき緊急事態宣言が 4 月 7 日、東京、神
奈川、埼玉、千葉、大阪、兵庫、福岡の 7 都府県に発令され、4 月 16 日に
は全国に拡大される。国内感染者も徐々に増え始め、欧州各国のロックダウ
ンの様子なども報道され、国民の不安は一層高まっていく。
　緊急事態宣言が発令されると、不要不急の外出自粛、学校園の休校、施

設・店舗への休業要請、企業への従業員 7 割のテレワーク要請など、社会生活に大きな制約を課すことになった。特に酒類を提供する飲食店は、一定の補償はなされたものの、実質的に休業を強いられた。映画館やライブハウス、演劇場などの文化施設も閉まり、ほとんどの文化スポーツイベントは中止となった。まちは灯が消えたように閑散とした。一方で、医療・介護・保育に従事する専門職、スーパーマーケットやコンビニなどの従業員、ごみ処理や電気・ガス・水道などライフラインの維持管理に従事する職員は、業務の継続を要請された。これらの仕事は「エッセンシャルワーク」と称され、社会生活維持に献身する姿は称賛され、感謝が表明されたが、これらの仕事の多くが低賃金不安定雇用労働者によって支えられていること、しかもケアワークの仕事のほとんどが女性によって担われていることも浮き彫りになった。

その後コロナは感染の急拡大と鎮静化を波のように繰り返す。第 2 波は2020 年 7 月から 8 月にかけて感染が拡大。第 1 波の鎮静化を待ってスタートした「Go To トラベル」（7 月 22 日〜 12 月 28 日）と重なり、政策のちぐはぐさが批判を呼んだ。都構想住民投票が強行されるのはこの第 2 波と次の第 3 波のはざまだ。第 3 波は 2020 年の年末から 2021 年の 2 月。これまでにない感染者数で、「Go To トラベル」の中止を招き、2 回目の緊急事態宣言が発令された（1 月 8 日〜 3 月 21 日）。第 4 波は 2021 年 4 月から 6 月ごろで、アルファ株への置き換わりといわれた。東京よりも大阪での感染拡大と医療崩壊が顕著で、4 月 25 日から 3 回目の緊急事態宣言が発令された。第 5 波は 2021 年 5 月から 9 月にかけてで、デルタ株への置き換わりといわれ、東京オリンピック・パラリンピックを直撃した。4 回目の緊急事態宣言が発令された（7 月 12 日〜 9 月 30 日）。第 6 波は 2022 年 1 月から 3 月で、オミクロン株（BA.1/BA.2）への置き換わりといわれた。2022 年 7 月から 9月にかけての感染拡大が第 7 波と呼ばれ、オミクロン株（BA.5）への置き換わりが原因だった。

　コロナウイルスは変異株と呼ばれる突然変異を繰り返しながら、総じてみると感染力を強めつつ重症化や致死率は低下していく弱毒化の傾向にあるといわれている。しかし、本当のところはまだよくわかっていない。また、高齢者や基礎疾患のある人が重症化しやすいといわれ、逆に若者は感染しても多くは軽症や無症状で済むといわれた。一方で、味覚、嗅覚の異常や倦怠感などの後遺症も報告されているが、治療法の確立には至っていない。

　過度のグローバリズムがパンデミックの誘因であるとして、こうした観点から現代文明を批判するポストコロナ社会論も盛んに論じられた。行動制限が子どもたちの成長に与える影響に対する懸念の声も広がった。文化、芸術、芸能の価値も改めて問われた。いまやあらゆる学問分野でコロナは重要な研究テーマとなっているといっても過言ではないだろう。外出時は常にマスクを着用することが習慣化し、オンラインによる会議や授業も定着した。中には「オンライン飲み会」なるものまで登場し、人々の社会生活もけっこう変化を強いられた。

　現在生きている人々の大多数にとっては、おそらく生まれて初めての経験といえるパンデミックは、どう対応すれば正解かが見極められないがゆえに、人々の中に深刻な意見の対立をもたらした。行動規制を伴う感染予防対策は医療崩壊を防ぎ、命を守るものとして待望する声が上がると同時に、経済の停滞を招くものとして批判にもさらされた。テレビのワイドショーはこうした対立を煽り、SNSはコロナ差別をはじめとしたさまざまなデマゴーグを拡散した。出口が見いだせない中で行動制限を強いられる不満やストレスのはけ口は、いきおい政府に向かった。そんな中、安倍首相は持病が悪化したとして2020年8月28日に辞任する。政権は菅義偉首相に引き継がれるが、その後もコロナは同じような波を描きながら感染拡大と鎮静化を繰り返し、そのたびごとに政府は対応の遅れや不適正を指摘され批判にさらされた。任期満了が近づき解散総選挙の時期が取りざたされる中で、支持率が低迷して

いた菅首相は総裁選挙出馬辞退という形で退陣を余儀なくされる。在任期間は約1年であった。

　その反面、政府より現場に近いところにいる都道府県の知事たちは、政府に対策を求める住民の代弁者のようにふるまうことができた。確かに知事の差配により対策に違いが出て、それが感染者数にも影響を及ぼしたところもあるだろう。しかし、感染者数や感染率は概ね人口密度や高齢化率、医療機関の病床数などに規定されたのではないだろうか。そんな中で前述のように大阪府の吉村知事は、メディアへの露出度の高さとパフォーマンスの巧みさで脚光を浴びた。

　2021年10月4日に岸田政権が誕生して以降も、第6波、第7波の感染拡大が起こるが、緊急事態宣言は発令されず、行動制限も要請されなくなる。この頃には2021年2月から始まったワクチン接種も回を重ねて実施され、感染予防対策が一定の蓄積と定着をみた成果だといえなくもないが、国民がコロナに慣れ、恐れなくなったために受け入れられたともいえる。岸田首相は2023年1月27日、新型コロナウイルス感染症対策会議を開催し、5月8日にそれまでの「2類相当」から季節インフルエンザと同じ「5類」に引き下げる方針を決定した。しかし、あれほど安倍首相や菅首相のコロナ対策を批判的に報じたメディアからも、あまり批判めいた報道はみられなかった。その時点では、高齢者の死者数はむしろ増加し、病床のひっ迫も深刻であったにもかかわらずだ。今後コロナはどうなっていくのか、私たちはまだわからないままに、警戒と備えを解こうとしているのかもしれない。

　2)　コロナに翻弄されたレガシーなき東京オリンピック・パラリンピック

　少し時計の針を戻してコロナの影響で翻弄された東京オリンピック・パラリンピックについて振り返る。同時に今回のオリンピックは、拝金主義によっ

て汚され、大会の重鎮による女性蔑視とこれを許容してしまう組織委員会の組織体質を露呈させた。併せてみていこう。

　まず、東京オリンピック開催に至る経緯を、吉見俊哉著『平成時代』（岩波新書 2019 年）を参考に簡単に振り返っておく。2005 年に東京オリンピック招致を言い出したのは当時東京都知事だった石原慎太郎だ。東京都は 2006 年、東京臨海部を会場予定地として 2016 年オリンピック招致に動き出す。当時、官房長官だった安倍晋三は国が全面支援することを約す。しかし、2009 年 10 月の IOC 総会で、2016 オリンピックの開催地はリオデジャネイロに決まり、東京は招致レースに敗退する。それでも石原はあきらめず、翌月には 2020 年オリンピックの東京招致再挑戦をほのめかす。そして東日本大震災からわずか 3 か月しかたっていない 2011 年 6 月、「震災復興のシンボル」としての東京オリンピックという位置づけで、招致活動を再スタートさせる。石原らの本音は別として、「震災復興のシンボル」という構想は諸外国から評価され、2013 年 9 月、ブエノスアイレスで開催された IOC 総会で東京は開催権を獲得する。この総会で安倍首相が、福島原発事故後の諸問題に関して、現状を全くふまえず、「アンダー・コントロール」と言い切ったことは今も語り継がれている。

　招致決定以降も東京オリンピックはトラブルが続く。ザハ・ハディド設計による新国立競技場白紙撤回問題（2015 年 7 月）。剽窃疑惑により佐野研二郎デザインのエンブレム使用中止決定（2015 年 9 月）。JOC 竹田恒和会長が招致を巡る贈賄疑惑を受けて辞職（2019 年 3 月）。そして開催年の 2020 年 3 月、コロナ・パンデミックが世界を襲う。

　ここからは、同じく吉見俊哉編著『検証　五輪とコロナ』（河出新書 2021 年）を参考に振り返る。2020 年 1 月下旬以降、コロナ感染拡大に伴い、東京オリンピックは中止または延期せざるを得ないのではないかという世論が高まっていく。3 月 11 日に WHO がパンデミックを宣言したことがこれに

拍車をかける。安倍首相は 3 月 16 日、G7 首脳のテレビ会議で、「人類が新型コロナウイルスに打ち勝つ証として、東京オリンピック・パラリンピックを完全な形で実現することについて」首脳たちの支持を取り付け、中止を封じる。海外からも各国オリンピック委員会の 1 年延期を求める声やトランプ大統領の延期容認発言などが伝えられる。ついに IOC バッハ会長は 3 月 24 日、1 年程度の延期を表明する。この 1 年延期の流れを作ったひとりが、電通の元役員で組織委員会理事（当時）の高橋治之であった。『検証　五輪とコロナ』ではこの点に関し、「高橋は、大会中止はないとして、その理由を IOC に放映権料が入らなくなることだと指摘しており、選手や市民の安全を考慮しての中止は二の次という印象が拭えない」と批判している。「復興五輪」から「コロナに打ち勝つ五輪」へと幾重もの美辞麗句で飾られてきた東京五輪だが、IOC にとっては所詮、アメリカのテレビ局の放映権料目的のスポーツイベントに過ぎない。少なくとも高橋や電通はそう受け止めていたことを露呈する、高橋の発言といえる。その後、先述のとおり、8 月から 9 月にかけて首相の交代劇を経て 2021 年に入るが、コロナの感染状況は沈静化の兆しを見せなかった。

　森喜朗組織委員会会長（当時）は 2021 年 2 月 3 日、JOC 臨時評議員会で「女性がたくさん入っている理事会は時間がかかる」と発言する。この発言が女性蔑視発言として大きな批判を招き、森は 12 日に辞任に追い込まれる。直後の 3 月 17 日、「文春オンライン」は開閉会式総合統括の佐々木宏が女性タレントの容姿を侮辱する演出案を提案していたことを報じ、結果、佐々木も翌 18 日に辞任する。これらの事案は組織委員会をはじめ東京オリンピック・パラリンピック関係者の女性の人権に対する認識の低さ、五輪憲章の軽視を際立たせた。先の高橋の「放映権料」発言とあわせて、人々のオリンピック・パラリンピックに対するイメージの低下を招き失望させるものであった。

　1 年遅れの開会が迫る 6 月以降、皮肉なことに感染者は急増していく。デ

ルタ株への置き換わりによる第5波である。それでも組織委員会は6月21日、1万人を上限とする有観客の方針を発表する。しかし感染者は増え続け、政府は7月8日、東京都に7月12日から8月22日まで4回目の緊急事態宣言を発令する方針を決定した。同日、政府、東京都、JOC、IOC、IPC（国際パラリンピック委員会）の5者は代表者会議を開催し、東京都と神奈川、千葉、埼玉の3県の会場で開催される競技について無観客とすることを決定した。被災3県で開催された競技についても、宮城スタジアムでのサッカー以外は無観客となった。また、パラリンピックについては全競技無観客となった。なお、この緊急事態宣言は五輪開催中の8月2日に6都府県に、8月20日に13都府県に、8月27日には21都道府県に拡大発令され、解除は9月30日まで延期されることになる。

　聖火リレーは3月25日、被災地である福島県のJヴィレッジからスタートする。震災復興など様々な思いを胸に聖火をつなぐ人たちには何の罪もないのに、沿道からの声援は控えられた。そして開会式は7月23日、完成なった新国立競技場で行われる。もとよりオリンピック選手やパラリンピック選手の活躍に称賛の声を惜しむ人はいない。特に今回のパラリンピックを機に、パラスポーツ選手の技術の高さ、競技のすばらしさに感動を新たにした人は多かっただろう。しかし、拝金主義と人権軽視の言動に汚された五輪を、コロナ禍を押してまで開催することに、積極的意義を見いだせなくなってしまった人も同時に多数いただろう。多くの国民は感情が複雑に引き裂かれたまま、無観客の中で行われる世界トップ水準の競技をテレビ中継で観たのではないだろうか。

　東京オリンピック・パラリンピック2020とは何であったのか。これは2025年の大阪・関西万博とは何かを問うことでもある。確かに1964年の東京オリンピックと1970年の大阪万博は、高度経済成長と呼ばれるその後の日本の発展を象徴するイベントとして記憶されているかもしれない。しか

し、本来、オリンピックも万博も経済成長を促すために開催されるものではない。より端的に言えば、カネもうけの道具ではないはずだ。日本人が長期停滞著しい日本経済の再生を願う気持ちは理解できなくはない。しかし、気候変動危機がリアリティを持って語られる現代社会にあって、「成長」の価値について人類レベルでの再考が求められているのも事実である。維新政治は「大阪の成長を止めるな」というスローガンに端的なように、経済の無限成長という神話に何らの疑問も持っておらず、経済効率優先の成長至上主義ともいえる政治理念を信奉している。それは一面で人々の、特に生活に苦労している人々の願望に本音のところで訴えかける力を持っている。しかし、本当にそれだけで社会は何ら問題なく回っていくのだろうか。

　スポーツの大会であるはずのオリンピックに利権をむさぼった者たちの醜い残骸が、2020 東京オリンピック・パラリンピックの負のレガシーであるなら、人類の未来を展望する一大イベントであるはずの 2025 年大阪・関西万博は私たちにいかなる「レガシー」を残すのか。暗澹たる思いにとらわれるのは私だけではないだろう。

3）　ブレグジットの達成と失望、
トランプの退場と傷つけられたアメリカ民主主義

　ここで視点を海外に移す。国際関係においてもこの 4 年間は激動期といえる。最初にイギリスの EU 離脱について概観しておく。EU との離脱交渉は、キャメロンを引き継いだテリーザ・メイ首相が担った。離脱交渉期限はリスボン条約第 50 条によって 2019 年 3 月 29 日とされた。仮に期限までに離脱交渉がまとまらなければ、イギリスと EU は通商条約をはじめ、何の合意もないままの離脱となり、大混乱が予想された。いわゆる「ハード・ブレグジット」である。しかし、EU との交渉は当然のことながら難航する。メイ首相

が下院に提出した離脱協定案は 2019 年 1 月及び 3 月、2 度にわたって否決される。EU は交渉期限を 10 月 31 日まで延長するが、メイ首相は混乱を招いた責任を取って辞任する。後任の首相にはボリス・ジョンソンが就任する。もともとは離脱反対派であったメイ前首相とは異なり、ジョンソン首相は当初から強硬な離脱推進派の人物だ。ジョンソン首相は交渉期限の再延長を拒否し、ハード・ブレグジット（合意なき離脱）も辞さずの強硬姿勢で議会に臨み、交渉期限ギリギリの 10 月 22 日、関連法案の大枠について可決にこぎつける。EU はイギリスの離脱を 2020 年 1 月まで延期することを決定する。その後、下院が解散され、12 月 12 日の総選挙でジョンソン率いる保守党が単独過半数を超える議席を獲得して圧勝。関連議案が可決され、EU とイギリスは最終的に 1 月 24 日、EU 離脱協定を締結する。

　しかし、EU 離脱の成立は、前述したような反緊縮を望む低所得層に利益をもたらすものではなかった。「コロナ禍が始まるとメディアから『ブレグジット』の言葉さえ消えてしまった」とブレイディみかこはその著書『ヨーロッパ・コーリング・リターンズ』で書いている。コロナに感染したジョンソン首相は回復後、かつて「社会などない」と発言したサッチャー元首相を念頭に「社会はあった」と発言し、国民保健サービス（NHS）の存在意義を認めた。また、イギリスにおいてもエッセンシャルワーカー（ブレイディみかこによるとイギリスではキーワーカーと呼ぶらしい）への感謝を示す行動も現れた。しかし、その後イギリスで医療従事者やケアワーカーたちの地位向上につながる政策が強力に推し進められたという話は寡聞にして聞かない。それこそが底辺の労働者たちが EU 離脱に期待したことだと思われるのだが。そして当のボリス・ジョンソンはコロナ感染予防のため政府が行動自粛を要請しているさなかに、首相官邸などで複数回のパーティーを開催していたスキャンダルが原因で、2022 年 9 月に辞任に追い込まれてしまう。EU 離脱はイギリス国内の不平等や格差、貧困を解決するものではなかった。このこ

とは都構想の実現に夢を託した大阪の人々も肝に銘じる必要があるだろう。

　アメリカに話を移す。2020年はアメリカ大統領選挙の年だった。トランプのアメリカが改めて審判に付された。大統領選挙は11月3日に実施され、結論からいえば民主党候補のジョー・バイデンが激戦を制して勝利し、第46代アメリカ大統領に就任する。しかし、トランプは敗北を認めず、選挙に不正があったとして裁判闘争に打って出る。その法廷闘争にもトランプは敗北するが、事件はその直後に起きる。2021年1月6日のトランプ支持者による国会議事堂襲撃事件である。その日、大統領選挙の結果を正式に認定するための上下院合同会議が開催されていた。一方で、ホワイトハウスに隣接した公園で選挙の無効を訴えるトランプ派の集会が開催されていた。この集会で演説に立ったトランプは、選挙は盗まれたと繰り返し、「議事堂へ行こう」と呼びかけたという。トランプの呼びかけに呼応した集会参加者数千人が国会議事堂に向かって行進を始める。そしてその一部が暴徒化して議事堂内に侵入したうえ、破壊行為を行った。この事件の背景には陰謀論を振りまく極右の政治団体Qアノンによる扇動があったともいわれている。トランプは事後、自らの関与を否定し、議事堂襲撃を批判したが、反省の色は全く見せていない。1月20日のバイデン大統領就任式にも出席を拒否した。敗北した候補者とその支持派の抵抗で正常な政権移行が妨害され、あまつさえ国会議事堂が襲撃されるという暴力事件にまで発展したことは、アメリカ合衆国の歴史上、まれにみる汚点として記憶されることだろう。

　しかし、より問題なのは、2024年に予定される次期大統領選挙にトランプが出馬を表明しており、共和党の議員の多くがそれを支持していることだといえる。背景にはトランプを熱烈に支持するアメリカ国民の存在があり、その一部はQアノンなどが喧伝する陰謀論に汚染されている。共和党議員の多くはその問題に気付いているが、選挙に勝つためにはやむを得ないと考えているようだ。こうした政治状況に陥ると、たとえトランプが失脚しても第

二、第三のトランプが登場する土壌は温存されてしまう。トランプのアメリカはそれが世界一の超大国・アメリカで進行していることを顕在化させた。

　私たちは維新の強引な政治手法を民主主義に反する行為として批判する。例えば、選挙で過半数の議席を獲得すると議論をつくさず採決で決着をつける。議席が足りないときには、他の選挙で対立候補を立てると脅して、他政党にいうことをきかす。出直し選挙なら残任期間しか任期がないので、知事と市長を差し替えて立候補する。これらの行為は法律で禁じられていないとしても、やはり民主主義を本質的に毀損するものだ。例え維新支持者が多数存在しても、こうした政治手法を容認することは、民主主義の著しい劣化につながると言わざるをえない。こうした維新の政治手法をみれば、トランプの政治を他人ごととみなすことはできない。

4)　アジアも緊張激化

　さて、中国やアジアについても少し見ておこう。中国全人代常務委員会は2020年6月30日、香港国家安全維持法案を可決する。2014年の雨傘運動の流れを汲み最大200万人を動員したという2019年から2020年にかけての香港民主化デモは、この法に基づき、徹底的に弾圧され、解散を強いられた。一国二制度の事実上の崩壊である。これを主導した習近平は政権基盤を盤石のものとしつつ、新疆ウイグル自治区への同化政策の強化など、権威主義的統治を強めている。一方、台湾については2020年1月11日、台湾総統選挙で台湾独立派の民進党・蔡英文総統が再選され、また8月にはナンシー・ペロシ米下院議長（当時）が訪台するなど、中国との間で緊張が高まっていた。しかし、2022年11月、統一地方選挙では「ひとつの中国」派の野党・国民党が勝利。敗北の責任を取る形で蔡総統は民進党主席を辞任した。総統職にはとどまるものの、蔡総統の政治的影響力の低下は免れず、台湾情勢も

不透明感を増している。

　2021年2月1日、ミャンマーで軍事クーデターが発生する。アウンサンスーチー国家顧問は拘束され、アウンサンスーチー政権は崩壊する。軍事政権は軍事クーデターに反対する抗議デモを強権的に弾圧した。欧米諸国や日本は軍事クーデターを非難し、アウンサンスーチーら要人の身柄の即時解放を求めているが、解放に至っていない。アフガニスタンでは2021年4月のバイデン大統領の米軍撤退表明を受けて、8月15日にはタリバンが首都カブールを制圧しタリバン政権が復活する。タリバン政権下における女性への人権抑圧が国際問題となっている。こうしたアジアの緊張激化は、日本の安全保障における対米依存と自国の軍事力増強を肯定する世論の醸成にもつながっている。

5）　破局の予兆Ｉ　プーチンのロシアによるウクライナ侵攻

　そして日本と世界は2022年を迎える。それはある意味、破局へと向かう年の始まりであるようにも思える。ここでは国内外で起こったふたつの事案を取り上げる。ロシアのウクライナ侵攻と安倍元首相銃撃事件である。

　ロシアのプーチン大統領は2022年2月24日、ウクライナでの軍事作戦の開始を宣言した。そして同日のうちに首都キーウ、北東部のハルキウ、南部のオデーサ、東部のドンバスなどが攻撃にさらされる。その3日前の21日、プーチンは親ロシア派が多く住むウクライナ東部2州の独立（ロシアはドネツク人民共和国とルガンスク人民共和国と呼んでいる）を承認したと発表。プーチンは今回の軍事侵攻をこの2国との集団的自衛権に基づくものであるとして正当化している。しかし、いくらプーチンがそう強弁しようとこの軍事侵攻は力による現状変更を強い、非武装の民間人をも攻撃の対象とした時点で、純然たる国際法違反であり、許容できるものではない。当初、希

望的観測として、短期間で戦闘は終結するという見方もあったが、侵攻から2年近くになっても戦闘が収まる気配はない。事はそう単純ではなかった。

　まず、安保理において拒否権を持つロシアの行動であり、当事国であるロシアが拒否権を行使するため、国連安保理はほとんど機能していない。いわゆる西側諸国は厳しい経済制裁などによってロシアの自制を促そうとしたが、プーチンはいまだに軍事侵攻の矛を収める様子はない。開戦当初、ロシア国内での反戦運動が報じられたが、徹底した情報操作と弾圧で、いまロシア国内の運動の力で軍事侵攻を止めることは期待できない状況だといわれている。世界の足並みも必ずしもそろわない。東欧諸国は親ロシアのベラルーシ以外はロシアの侵攻に強く抗議しているが、旧東側陣営のこうした動きが返ってロシアを硬化させている側面も否めない。中国やインドは国連安保理のロシア非難決議を棄権し、静観の姿勢を取っている。北朝鮮やシリアはロシア支持を表明している。背景には先進国といわれる欧米諸国の冷戦終結以降の行動が必ずしも非欧米世界の支持を得ていないことがある。

　一方、ウクライナのゼレンスキー大統領は徹底抗戦を呼びかけ、欧米諸国からの軍事支援を求めている。これに応えアメリカは莫大な軍事支援と膨大な武器供与に応じている。当初、第2次世界大戦の歴史を踏まえ武器供与には慎重であったドイツも、ウクライナからの強い要請と国際世論に押される形で、最新鋭の戦車「レオパルト2」の供与に踏み込んだ。NATO陣営からの武器供与はウクライナの戦闘力増強をもたらし、戦況は一進一退の攻防の様相を呈している。そして戦況の膠着が、ロシアによる戦術的核兵器使用への懸念や戦線の拡大、ひいては第三次世界大戦への危機感を高めている。1947年以来、「人類最後の日」までの残り時間を象徴的に示す「終末時計」を発表しているアメリカの科学雑誌「ブレティン・オブ・ジ・アトミック・サイエンティスツ」は2023年1月24日、これまでで最短となる「残り1分30秒」と発表した。2020年以降1分40秒だったが、10秒短縮された。

短縮の背景には間違いなくロシアのウクライナ侵攻がある。

6）　破局の予兆Ⅱ　安倍元首相銃撃事件

　参議院選挙戦終盤の2022年7月8日、衝撃的なニュースが日本中を駆けめぐった。安倍晋三元首相が奈良県の近鉄大和西大寺駅前での応援演説中に何者かに銃撃されたというものだった。銃撃犯はその場で警察に取り押さえられた。安倍元首相は救急車で奈良県立医科大学付属病院高度救命救急センターに搬送されたが、同日17時3分に死亡が確認された。

　当初、凶悪な政治テロかと報じられたが、その後、殺人容疑で現行犯逮捕された山上徹也容疑者（事件当時41歳）の素性や犯行に至った動機が明らかになるにつれて、国民の注目は旧統一教会と自民党の関係に移っていく。山上容疑者は比較的裕福な家庭に生まれるが、父の死後、母親が旧統一教会の信仰にのめりこみ、多額献金を行い家族は困窮する。彼は大学進学をあきらめ任期制自衛官として入隊。その頃、困窮した兄と妹に保険金を残そうとして自殺未遂を起こしている。事件当時、派遣先の職場をトラブルで退職し、経済的にも追い詰められていた。彼は自分や家族を苦しめた原因は旧統一教会にあるとして、創始者の故・文鮮明の妻で現総裁の韓鶴子の殺害を画策するが、コロナ禍で来日できなくなったため、安倍元首相が旧統一教会の関連団体の集会にビデオメッセージを寄せていたことから、安倍銃撃に及んだという。犯行に用いた銃は自家製のものであった。

　この銃撃事件から、改めて旧統一教会による信者への巨額献金強要が問題視された。かつて旧統一教会は高額な壺などを売りつける霊感商法で批判を浴びたが、民事裁判などで責任を問われるようになったため、直接信者にノルマを課して献金を強要するようになったというのだ。山上容疑者の母親も1億円を超える献金の結果、自己破産に追い込まれていた。この問題から、

　まず旧統一教会の宗教法人としての適格性が問われた。宗教法人法では「法令に違反して、著しく公共の福祉を害すると明らかに認められる行為をしたこと」（宗教法人法第81条（解散命令））等が認められた場合、裁判所は所管庁（文部科学省）や検察官の請求に基づき宗教法人に対して解散を命じることができるとされている。しかし、信教の自由との関連で手続きは厳格で、ハードルは高い。すでに文科省は2023年7月までに7回にわたって質問権を行使したが調査は難航した。最終的に文科省は10月13日、教団の不法行為を認めた民事裁判の判決等を根拠に解散命令を東京地裁に請求したが、たとえ解散命令が出されても、宗教法人としての税制面での優遇措置などは受けられなくなるものの、宗教活動自体を禁じることはできず、効果に乏しいという指摘もある。

　次に多額の献金を強いられた信者などに対する被害者救済の問題がある。この問題については2022年12月10日、「被害者救済法」（正式名称は「法人等による寄付の不当な勧誘の防止等に関する法律」）が成立した。しかし、その実効性については多くの元信者や「宗教2世」の人たち、支援団体や弁護士から疑問視する声が寄せられている。

　最後に旧統一教会と政治、とりわけ自民党との関係が問われた。旧統一教会やその関連団体のイベントなどに出席したりメッセージを送ったりする見返りに、選挙に際して教団の支援を受けるという関係が長年にわたって継続されてきた。この問題では特に密接な関係にあったことが露見したため、山際大志郎経済再生担当大臣が辞任に追い込まれた。しかし、自民党による調査は不十分で、実態解明と関係の清算にはほど遠いと批判されている。そもそも今回の銃撃事件の引き金となったのは、旧統一教会関連団体のイベントにむけた安倍首相自身のビデオメッセージである。にもかかわらず岸田首相は、立憲民主党の泉健太代表の質問に「お亡くなりになった今、確認するには限界がある」と答え、安倍元首相と教団との関係に関する調査は行わない

方針を明らかにしている。

　安倍元総理の死去は、もう一つの事案で物議をかもした。「国葬」問題である。岸田首相は 7 月 14 日、記者会見で秋に安倍元首相の国葬を行うと表明した。しかし、国葬を国会に諮らず内閣の一存で決めたこと、安倍政権への評価の違い、弔意の強要への懸念などから、野党を中心に当初から反対の声が上がった。同じくタカ派で知られた中曽根元首相などの葬儀が政府と自民党の共催による国民葬であったことも、国葬反対の論拠とされた。しかし、岸田首相は 9 月 27 日、「国葬儀」と微妙な呼称変更を行いながら、日本武道館で政府主催による国葬を執行した。当日は 2 万 5 千人を超える人々が一般献花に訪れた。一方、国葬反対を訴えるデモや集会も各所で取り組まれた。国葬実施に対する世論の反応は興味深い傾向を示した。事件直後の 7 月下旬の世論調査では拮抗しつつも「賛成」や「評価する」が「反対」や「評価しない」を上回ったが、旧統一教会の問題が報道されるにしたがって、「反対」や「評価しない」が増えていく。国葬実施後には、あらゆるメディアの調査で「評価しない」や「実施するべきではなかった」が多数となった。

　安倍元首相の銃撃による死去とは直接関係しないが、安倍政権時代に進行していた問題で、同じ時期に顕在化した問題についても触れておく。東京五輪汚職事件である。元電通専務で大会組織委員会元理事の高橋治之は 2022 年 8 月 17 日、受託収賄の疑いで東京地検に逮捕された。前述のとおり高橋は東京オリンピック・パラリンピックの延期を主導した人物のひとりだ。高橋の最初の容疑はスポンサー選定に関して紳士服大手 AOKI ホールディングスから 5100 万円の賄賂を受け取ったというものだ。以降、高橋は 5 ルートの容疑で 4 回にわたって逮捕・起訴され、賄賂の総額は 1 億 9600 万円に達するといわれている。高橋の拘留期間は 132 日に及んだが、12 月 26 日に 8 千万円の保釈金を現金で支払い保釈された。ところが東京五輪を巡る汚職事件の捜査はこれで終わったわけではなさそうだ。年が明けた 2023 年 1 月

28 日、東京オリンピック・パラリンピックのテスト大会事業をめぐる入札談合事件で、大会組織委員会元幹部と電通幹部らが談合を主導した疑いがあるとして、東京地検特捜部が詰めの捜査を進めているとの報道があった。その後 2 月 8 日、東京地検特捜部は不正な受注調整をしたとして電通の元幹部ら 4 人を独占禁止法違反の容疑で逮捕した。東京五輪をめぐる汚職はさらにすそ野を広げながら、その闇の深さは底なし沼の様相を呈している。

7）「令和」の幕開けと時代の踊り場

　この 4 章は 2019 年 4 月から 2023 年 3 月を扱った。この時期を端的に特徴づけ、他の時期と隔てる出来事としては、コロナ・パンデミックの襲来とプーチンのロシアによるウクライナ侵攻があるだろう。どちらも帰趨はまだ判然としない。さらなる破局が待ち受けているような危機感がある一方、この危機を乗り越えることで人類の未来がもう一度開かれていくのではないかという期待もある。その意味でいま私たちは時代の「踊り場」にいるといえる。
　この時期以降、日本は「令和」の時代を迎えることになる。明治以降の改元は天皇の代替わりに伴う日本固有もので、改元のタイミングは国内外を問わず時代の変化とは直接関係しないが、時代の節目としてそこに何らかの意味合いを読み込む心性が明治以降の日本人にはあるのかもしれない。くりかえすが、平成の 30 年は「失われた 30 年」とほぼ重複するが、経済成長だけが社会の発展や幸福の尺度ではない。ただ、国内的にも国際的にも格差や貧困が拡大し、紛争を含む対立が激化したという意味では、社会の分断が深まった時代であったことは否めない。では、令和はどんな時代になるだろうか。「踊り場」と書いたが、そこにずっと佇み続けることはできない。分断社会の再統合が求められていることは間違いない。しかし、そのためには何らかの破局を潜り抜けることになるのではないかという恐れの感覚がぬぐえ

ない。

　各章の最終節では大阪に特有とみられた維新政治を国際政治や国内政治の
脈略の中でみてきた。単純化しすぎてはいけないが、維新的なるものが登場
し、また受け入れられる基盤は世界中に存在し、それが様々な政治的現象を
生んでいるのではないか。それは地中深くを流れるマグマに蓄積された巨大
なエネルギーのように、その噴出する場所を探し求めてのたうっているので
はないか。大阪の政治において維新はいまだに主要なアクターであり、その
存在感は日本全体の政治に影響力を持つほどにむしろ大きくなっている。そ
れは放出されるべきエネルギーの大きさを予感させる。このエネルギーを決
定的な破局につなげることなく放出させ、社会の再統合につなげていく解を
どういう形で創り出していくのか。それが令和の時代を生きる私たちに課さ
れた宿題かもしれない。

5章

「夢洲・万博・IR カジノ」と
国政政党としての維新

1　維新の今後を占う二つの課題

　これまで橋下知事登場以降、松井市長の政界引退の直前までを 4 期に分けて、維新政治を概ね時系列に沿って振り返ってきた。それを踏まえ最後の 6 章で 2023 年 4 月の統一自治体選挙と第 4 回ダブル選挙の結果を検証したうえで、総括的な論考を試みる予定である。

　その前に本章では、都構想が後景に退く中で維新の看板政策として浮上してきた感のある夢洲における大阪・関西万博および IR カジノ問題、ついで国政政党としての日本維新の会の歩みの二つについて整理しておくことにする。

　この二つについては随所で触れてきたが、今後の維新を考えるうえで最重要な課題と思われることから、ひとまとまりのものとして再整理しておく必要性を感じるからだ。

　一つ目の万博と IR カジノは、維新が今後とも大阪・近畿圏において絶大な支持を維持するうえで、失敗の許されない政策課題であるといえる。しかし、成功への道のりは平たんではない。なぜならこれは都構想のように否決されたが故に実行せずにすんだ政策ではなく、維新が実行責任を負った失敗の許されない政策であるからだ。維新が支持される理由の一つに大阪の二重行政批判があるが、これが大阪の人々の心に刺さったのはバブル期の第 3 セクター投資による失政への怒りが解けていないからだ。その轍を踏むことはできないと維新幹部は思っているはずである。都構想再チャレンジについて、可能性があるとする報道もあるが、少なくとも万博を成功させ、IR カジノを軌道に乗せるまでは維新にその余裕はないのではないか。つまり維新の一丁

目一番地は都構想から万博と IR カジノに移ったとみるべきであろう。もっとも、支持が低迷する事態に直面すれば、注目を集めるために無謀な再チャレンジに打って出る可能性を完全には否定できないが。

　二つ目は日本維新の会の行方である。日本維新の会については、地域政党が母体とはいえ、国政政党となれば、国政優先となるのが当然である。それが国政政党としての宿命である。これまで大阪の地方政治での勢力拡大をバネに国政進出を進めてきた維新だが、これからは逆に国政での失敗は地元大阪での衰退へと反転しかねない。その意味で今後、維新は有力な人材を国会議員に集中せざるを得なくなる。安易な他党からのリクルートや他の野党との合流は、過去に経験した失敗の繰り返しを招きかねない。そう考えたとき、国政政党としての維新に問われているのは国政政党としての理念であろう。それはまだはっきりとは確立しえていないのではないか。「新しい戦前」ともいわれる現在において、そこが明確でないにもかかわらず勢いだけある政党ほど危ういものはない。

　現在、万博は準備の遅れ、会場建設費の上振れ、国民的関心の低迷にあえいでおり、日を追うごとに新たな問題が噴出している。IR カジノは土壌整備費の大阪市負担だけでなく、3 年後まで撤退可能な解除権まで許容する契約を事業者に押し切られ、まさに「退くも地獄、進むも地獄」の様相である。馬場代表の万博経費増加分の負担を国のみに求めるような発言は、それでなくても東京五輪の影響で国家イベントを見る目が厳しくなっている国民から厳しい批判を招いている。維新の唯一の看板政策ともいうべき「身を切る改革」に完全に逆行しており、国政政党としての維新への国民の期待と信頼は大きく揺らいできた。この章では大阪と日本の未来を維新政治に委ねる危険性をこの二つのテーマから考えておきたい。

2　夢洲・万博・IR カジノ

　まず、「夢洲・万博・IR カジノ」である。これは、維新の成長戦略の中核政策であり、関西財界の支持を調達する政策ツールである。その一方で、反維新から強い反発が示された政策でもある。

1)　維新の成長戦略の目玉としての「IR カジノ」誘致

　維新のスローガンのひとつに「大阪の成長を止めるな」というものがある。その意味するところは維新が主導する成長戦略への支持を要請するものだ。その裏側では大阪の成長を止めようとするもの、大阪全体の成長よりも自己の利益確保を優先する「既得権益」層の存在があることを暗ににおわせ、これに反対することを呼び掛けている。政治的プロパガンダとしては秀逸なスローガンであるが、これに対しては、大阪は維新政治の下で成長していない、むしろ国や他都市と比べて衰退していると、統計資料など客観的論拠を示しての反論が各方面からなされてもいる。しかし、このスローガンが大阪の有権者に強くアピールしているのは事実である。その背後には、大阪経済の地盤沈下に有効策を講じきれなかった過去の行政に対する根深い不信がある。その分維新が進めようとする成長戦略なるものへの期待感があるといえるだろう。その成長戦略といわれるものの中核に「IR カジノ」の誘致があることは間違いない。

　今では「夢洲・万博・IR カジノ」と列記しても違和感を覚えないくらい三位一体と化しているが、当然のことながら本来それぞれまったくの別物であ

る。時系列からいえば、まず橋下知事が 2009 年 9 月 15 日、夢洲・咲洲地区まちづくり推進協議会でカジノ誘致を提言したことから始まる。つまり橋下はカジノの誘致先には最初から夢洲を想定していた。その直後、橋下はこんな発言もしている。「こんな猥雑な街、いやらしい街はない。ここにカジノをもってきてどんどんバクチ打ちを集めたらいい」（読売新聞 2009 年 10 月 29 日）と。一方、万博招致は 2014 年 7 月 14 日、大阪府市特別顧問の堺屋太一が大阪府日本万国博覧会記念公園運営審議会で行った万博招致発言に端を発するが、そのとき堺屋の念頭にあった会場候補地は吹田市の万博記念公園であった。これがのちに維新の意を受ける形で夢洲に変更されていく。

　その後、大阪府市は IR カジノの誘致と 2025 年万博の招致活動に取り組む。それぞれ紆余曲折を経るが、万博については 2018 年 11 月 23 日の第 164 回 BIE（博覧会国際事務局）総会において日本開催が決定される。IR カジノ誘致については 2023 年 4 月 14 日、政府が大阪府市の IR 整備計画を認定した。この結論をみると維新の政策が着実に実現しているようにみえるが、実はいずれも具体化するにつれて様々な問題が露呈してきている。以下、それらを検証していくが、その前に夢洲という埋立地について触れておきたい。

2）　夢洲は「負の遺産」か

　夢洲は 1977 年から廃棄物処分地として埋め立てが始まり、1991 年から土地造成が始まった人工島で、咲洲の北西、舞洲の南西に位置する。面積は 399 ヘクタール。咲洲とは夢咲トンネルで、舞洲とは夢舞大橋で結ばれている。現在は、島の東部に巨大な夢洲コンテナターミナルがあり、西部には 2013 年 11 月からメガソーラー発電所「大阪ひかりの森プロジェクト」が稼働している。また、多種の野鳥の飛来地としても注目されている。維新は「負の遺産である夢洲を新しい成長エリアに変えていきたい」と主張してい

るが、そもそも夢洲は「負の遺産」なのだろうか。桜田照雄・阪南大学教授の論文「大阪夢洲カジノの経済・環境問題」（日本科学者会議監修『カジノ誘致の諸問題』2020 年 10 月、本の泉社所収）を参考にみておきたい。

　桜田論文によると、当初の計画では廃棄物処分地として 2027 年まで利用が予定されていたのに、万博、IR 建設により大阪市は貴重な処分地を失うことになるという。また、東南海地震のシミュレーションによると大阪府下で1200 万トンの災害廃棄物が発生し、その収容には 380 ヘクタールもの公共空間が必要とされている。これらを根拠に桜田は「夢洲は貴重な公共空間な

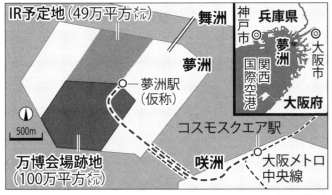

（毎日新聞）

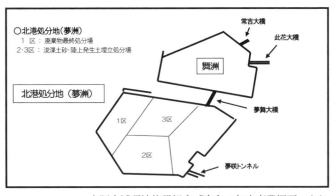

大阪広域環境施設組合「令和 4 年度事業概要」より

ので、手つかずのまま残しておくのも合理的な選択」（P.21）と主張している。この主張からいえば夢洲は決して「負の遺産」とはいえないことになる。

　桜田論文は夢洲にIRカジノのような恒久的建造物を建設するリスクについても言及している。一つは地盤の脆弱性の問題である。そもそも夢洲に高層建築物を建設することは設計段階で想定されていなかった。つまり地盤沈下の懸念がぬぐえない。「IR推進局は『地盤沈下量は50年間で1.5m』を想定しているが、その根拠は明らかにされていない」（桜田論文）という。この事実は地震津波など防災対策の観点からも大きな懸念材料となる。もう一つは汚染水問題である。桜田は「大阪市は1974年から2002年にかけて有機汚泥浚渫（443万㎥）を行い、とくに1991年から2000年にかけては、PCB含有土砂（47万㎥）、2006年からは底質ダイオキシン類の除去を行った。これらの浚渫残土は、1987年からは、夢洲2区、3区に埋め立てられている」（P.18）、また、「夢洲1区には焼却灰が、過去約27年間で約1000万トンも埋め立てられている。これにはダイオキシンやPCBなど有害化学物質が含まれている」（P.21）と指摘している。主に夢洲2区は万博予定地が含まれ、夢洲3区にはIR予定地が含まれる。こうした事実を指摘したうえで、桜田は「徹底した環境アセスメントは絶対の要件」（P.22）であると強調している。

　この桜田の指摘は別のかたちで的中する。2022年になって大阪市は、IR事業者の求めに応じる形で土壌汚染対策などに約790億円もの公費負担を投じると表明したのだ。詳しくは後述するが、ここには地盤沈下対策は盛り込まれておらず、今後、さらに公費負担が求められる可能性についても懸念が広がっている。

3）　万博招致活動の開始から開催決定まで

　次に万博の招致活動の経緯について、2025日本万国博覧会誘致委員会が

取りまとめた『EXPO2025 大阪・関西万博　誘致活動の軌跡』を参考にふり返る（なお、以下に記載の役職はすべて当時のものである）。前述のように万博招致は 2014 年 7 月の堺屋発言から動き出すが、維新による万博誘致活動はその直後から始まる。大阪維新の会府議団（当時の正式な会派名は「大阪維新の会・みんなの党都構想推進大阪府議会議員団」）は 8 月 6 日、議会に「平成 26 年度大阪府施策についての提言」を提出し、その中で「賑わいづくり」の一項目として「国際万国博覧会誘致」を提言する。その文面は 2013 年の外国人旅行客は約 260 万人で、2020 年にインバウンド 650 万人をめざす大阪府にとっては「まだまだ道半ば」とし、「東京オリンピックが開催される 2020 年は、IR の誘致が大阪で可能になれば、東西の 2 極において世界中から日本に注目が集まる年となる。IR の誘致とともに、2025 年に国際万国博覧会を大阪に誘致する絶好の機会と捉えて、複合型観光施設やホテルや劇場、美術館などの周辺施設、交通インフラの整備を進め、インバウンドの受け入れ体制の充実を図られたい。（中略）そのためにも、2015 年のシンボルイヤーをきっかけに、インバウンド施策を短期・長期的に進め、未来の大阪にふさわしい 2025 年の国際万国博覧会誘致について検討すること」というものであった。まるで万博をインバウンド振興と IR 誘致の小道具とするような身もふたもない書きぶりだが、松井知事はその日のうちに政策企画部企画室に誘致に向けた検討を指示する。

　2025 年万博誘致を想定した場合、実は時間がなかった。2025 年万博の立候補は開催予定日の 9 年前から受け付けられ、最初の立候補から半年後に締め切られる。つまり 2016 年から受け付けられるので、2014 年 8 月の段階で 2 年足らずしか準備期間は与えられていなかった。また、オリンピックと違い立候補するのは国であるが、この段階で国にその動きはなかった。そのため政治的には大阪維新の会が、行政的には大阪府市が中心となり、関西財界や関西の自治体を巻き込みながら、急ピッチで招致活動が進められるこ

とになる。

　2014 年 10 月 10 日、大阪府庁内に「国際博覧会誘致検討委員会」が設置されて検討をスタート（12 月 3 日まで 4 回開催）。2015 年 1 月 21 日に松井知事、橋下市長は経済界の森詳介関西経済連合会会長、佐藤茂雄大阪商工会議所会頭、村尾和俊関西経済同友会代表幹事と大阪市内で会談し、経済界や有識者を交えた会議体の設置について合意。これを受け、2015 年 4 月 28 日、「国際博覧会大阪誘致構想検討会」を設置。委員は行政 5 人、経済界 3 人、有識者 6 人の合計 14 人。座長は橋爪紳也・大阪府立大学特任教授が選出された。この会議は 7 月 28 日まで 4 回開催。ちなみに第 4 回会議において「国際博覧会開催可能地区検討調査（中間報告）」が資料配付されているが、そこで挙げられた会場候補地は彩都東部・万博記念公園、服部緑地、花博記念公園鶴見緑地、舞洲、大泉緑地、りんくうタウンの 6 カ所で、夢洲は候補地ですらなかった。

　その一方で、松井知事は 2016 年 1 月に菅義偉官房長官と、3 月に林幹雄経済産業大臣と会談し、万博の大阪開催を国家プロジェクトとして位置付けるよう要請を行っている。

　こうした根回しのうえで、大阪府は 2016 年 6 月 30 日、「2025 年万博基本構想検討会議」を発足させる。この会議体は万博誘致にむけた基本的な構想の取りまとめに向けて専門的見地から意見を聴取することを目的とするものであり、構成は大学や民間企業の有識者 16 人、大阪府、大阪市、堺市、大阪府市長会、大阪府町村長会、経済産業省、厚生労働省の行政 7 人、関西経済連合会、大阪商工会議所、関西経済同友会の経済界 3 人の計 26 人であった。また、大阪府は同日、議論のたたき台として「『2025 日本万国博覧会』基本構想 試案」を公表する。しかし、この試案では会場予定地が夢洲 1 カ所に変更されていた。その後基本構想検討会議は 10 月 28 日まで、全体会議としては 4 回（別に理念・事業展開部会 2 回、整備等部会 3 回開催）開催し、

開催候補地を夢洲に決定するとともに「2025 日本万国博覧会　基本構想（府案）」を承認した。

　なお、開催候補地を当初候補地でなかった夢洲に決定した経過と根拠について、『EXPO2025 大阪・関西万博　誘致活動の軌跡』は以下のように記述している。

　なお、夢洲については、検討時点では、埋め立て途上であることや来場者の輸送に欠かせない鉄道が未整備である等の課題があったため、整備等部会における議論と並行し、竹内大阪府副知事、田中大阪市副市長をトップとした「府市技術検討会」を設置（2016（H28）年 6 月 28 日）し、夢洲までの交通アクセスや会場用地の埋め立てなどの技術的課題の検討・整理を行いました。

　開催候補地の選定では、会場に関する博覧会国際事務局（BIE）の審査の視点やテーマの重要性を謳った 1994（H6）年 6 月の第 115 回 BIE 総会決議の内容、さらには現地視察を踏まえて議論を進めた結果、以下の 4 つの観点から、正式に夢洲を会場候補地としました。

ア）夢洲地区は、埋め立て途上であり、万博を開催する場合には、一部急速施工は必要となるものの更地で 100 ヘクタールの土地が確保できること。

イ）夢洲地区は、長期的な整備計画として新たな国際観光拠点の形成に向けた夢洲まちづくり構想（2017（H29）年 8 月）があり、大阪・関西の成長に向けてベイエリアの発展は重要であること。

ウ）現在の交通基盤は、夢舞大橋や夢咲トンネルを経由する道路のみだが、夢洲のまちづくりの進捗に合わせた地下鉄中央線の延伸（北港テクノポート線）計画があることや大阪市内主要駅等からのシャトルバスにより万博会場への来場者の輸送が可能であること。

エ）夢洲地区は、大阪市内から西へ10kmと比較的近距離にあり、大阪市内に隣接する関西圏諸都市の高次都市機能などを有効に活用できる立地条件にあるため、宿泊施設、サービス施設などの大都市機能が活用できること。

この文面の行間からは、府市が主導して夢洲を候補地とすることに誘導した経緯と、「一部急速施工は必要となるものの」という表現の中に会場建設への不安が読み取れる。

府市や関西経済界の代表は11月9日、基本構想（府案）を整理した「2025日本万国博覧会基本構想案」を世耕弘成経済産業大臣に提出した。

「2025日本万国博覧会基本構想案」の概要
■テーマ案：「人類の健康・長寿への挑戦」（英語仮題）Our Health , Our Future
■サブテーマ例：
・科学と技術の発展、その応用
・生活と文化の多様性の尊重
・地球環境の保全と共生
■コンセプト：世界的規模での挑戦、そして 変革を誘発する万博をめざす
■開催場所：夢洲　約100haを想定
■開催期間：2025年5月〜10月を想定
■入場者想定規模：約3,000万人
■会場建設費：1,200億円〜1,300億円程度
■運営費：690億円〜740億円程度
■全国への経済波及効果：6.4兆円

・直接的効果：2.3 兆円

・間接的効果：4.1 兆円

（2025 日本国博覧会誘致委員会「EXPO2025 大阪・関西万博　誘致活動の軌跡」
より）

　構想案を受け取った経産省は 12 月 16 日、「2025 年国際博覧会検討会」
を設置、立候補に向けた国としての検討に着手する。この検討会は 2017 年
3 月 13 日まで 3 回開催され、報告書を取りまとめた。報告書ではテーマを「命
輝く未来社会のデザイン」とすることを提案し、政府に対して 2025 年国際
博覧会の開催国として速やかに立候補することを促した。これを受けて政府
は 4 月 11 日、大阪府における 2025 年国際博覧会の立候補および開催申請
について閣議了解した。

　一方、2025 年万博については既に 2016 年 11 月 22 日にフランスが立候
補していたため、2017 年 5 月 22 日までに正式に立候補する必要があった。
政府は 4 月 24 日に BIE（博覧会国際事務局）に立候補申請を行った。その後、
ロシアとアゼルバイジャンも立候補し、招致レースは 4 か国で争われること
になった。しかし、フランス政府は 2018 年 2 月に財政問題を理由に立候補
取り下げを BIE に通知し、招致レースから撤退する。開催国が正式に決定し
たのは 2018 年 11 月 23 日に開催された第 164 回 BIE 総会での投票におい
てだった。第 1 回投票で日本はトップの 85 票を獲得するが、3 分の 2 以上
の得票には至らなかったため、2 位のロシアとの第 2 回投票となる。第 2 回
投票で日本は 92 票を獲得、61 票のロシアを下し、日本での開催が決定する。

　日本での開催決定を受け、事業主体である「一般社団法人　2025 日本国
際博覧会協会」が 2019 年 1 月 30 日に設立される。主たる事務所は大阪府
咲洲庁舎 43 階に置かれ、会長（代表理事）には中西宏明・日本経済団体連
合会会長が就任、副会長に吉村大阪府知事がおさまっている。

　それ以降、開催に向けた準備が進められるが、必ずしも順調とは言えない。その背景には、コロナ禍やロシアのウクライナ侵攻などに起因する資材の高騰や人員不足による会場建設費の高騰がある。さらに2024年4月から建設業界で時間外労働の上限規制が厳格化される、いわゆる「2024年」問題がある。人材不足から応札したくてもできないというゼネコンもあるといわれている。万博協会は会場建設にかかわって規制除外を要請する動きを見せたが、本末転倒という外はない。

　国と経済界、大阪府・市が3分の1ずつ負担する会場建設費は当初、1250億円とされたが、2020年12月に約1.5倍の1850億円に引き上げられた経過がある。しかし、さらに不足が見込まれ、9月下旬に万博協会が約450億円増の2300億円程度に上積む方向で検討していることが報じられた。もっともこれは財界の寄付がノルマの約617億円（1850億円の3分の1）より100億円以上多く集まる見通しからの逆算という側面もあり（国、府・市、財界がそれぞれ150億円追加負担）、本当にこれで収まるかはなお不透明である。前回同様、今回も吉村知事はこれ以上の建設費増はないと表明しているが、根拠は乏しい。一方、これに対し大阪維新の会府議団は9月26日、増額分は国に負担を求めるよう吉村知事に要望した。これに対し吉村知事は国と府・市と財界が3分の1ずつ負担するスキームの必要性の認識も示しており、知事と維新府議団との不協和音が生じている。いずれにしても万博の計画の出発は大阪府が取りまとめた基本構想試案であり、会場を夢洲に限定したのもこの試案である。万博は国の事業というだけでは大阪維新や大阪府の責任は免罪されない。

　日本館やテーマ館の入札不調も報じられた。日本館は入札不調が続いた末、建設費を引き上げたうえで随意契約となった。テーマ館についても入札不調が続き、建設費の引き上げや設計の見直しなどを強いられれるケースが続いている。

　そこに海外パビリオンの建設に必要な仮設建築物許可申請が 2023 年 7 月に入ってもゼロだという報道が飛び出した。これは参加国が自前で建設する「タイプ A」というパビリオンで、注目度の高いものだ。ドバイ万博がコロナの影響で 1 年遅れとなり、準備期間が短くなったことに加えて、人材不足や資材の高騰から建設業者との契約が整わないことが理由とされるが、開催に間に合うのか懸念する声が広がっている。その後、韓国など 6 カ国が許可申請の前段階の書類である基本計画書を提出したが（9 月 7 日現在）、「タイプ A」は約 50 の国と地域に及ぶため準備の遅れは否めない。苦肉の策として万博協会は参加国に、協会がプレハブ工法で建てた簡易施設に参加国が装飾する「タイプ X」というパビリオンへの変更を提案したが、9 月 6 日時点で移行を決めたのは 1 カ国だけという。

　入場料については 6 月 30 日、大人・当日券 7500 円と決定された。政府が 2019 年 12 月に BIE に提出した登録申請書では、入場券の想定価格を 44 ドル（約 5000 円）と記載していたことから見ると、約 1.5 倍で異例の高額となった。さらに万博会場へのアクセスが地下鉄とシャトルバスに限られるため、会場への入場およびパビリオンへの入館には事前予約が必要との報道もあり、売れ行きへの懸念も指摘されている。そのためか入場券の販売予定枚数 2300 万枚のうち 6 割にあたる 1400 万枚を前売り券とし、経済界と自治体・万博協会に 700 万枚ずつ割り当てるという。

　読売新聞社が 7 月 21 ～ 23 日に実施した全国世論調査によると、大阪・関西万博に「関心がある」は 35％にとどまり、「関心がない」の 65％を大きく下回ったという。今回の大阪万博は維新が主導して招致したものだ。確かに開催が決まった以上、開催の責任は政府及び万博協会にある。しかし、維新の責任はまぬがれまい。とはいっても維新の議員や首長になにかができるわけでもない。結局、現場で苦労するのは、大阪府市の職員たちや関西各地の自治体や企業から万博協会に派遣されたスタッフたちだ。杜撰な計画の

犠牲にこれらのスタッフがならないように、見守る必要を強く感じる。メディアにはそうした視点でも、万博の取材にあたってほしいものだ。

4)　IRカジノ誘致活動の経緯と問題点

　日本や大阪におけるカジノを含むIRの導入については、ギャンブル依存症による家庭崩壊など社会問題の拡大をもたらすとともに、地域の生活・教育環境の悪化を招くものとして、根強い反対意見が存在する。つまり、たとえ維新が提唱するように、一定の経済効果があったとしても反対という意見である。私たちも基本的にその立場である。しかし、経済効果そのものに対する疑念も存在する。倫理的問題をひとまずおくとしても、本当にカジノを誘致すれば経済は成長するのか、という問題である。ここではその点を中心に検証してみたい。

　前述のとおり大阪へのIRカジノ誘致は、橋下知事が2009年9月15日に夢洲・咲洲地区まちづくり推進協議会でカジノ誘致を提言したことから始まる。しかし、この時点で日本にカジノを含む統合型リゾート施設を認める法律は存在していない。従って維新は国会においてIR関連法成立に注力しつつ、他方では夢洲におけるIRカジノの計画立案にまい進する。そして維新は、ここに2025年万博招致も絡ませ、一石二鳥の構想を描く。具体的には2024年までにIRカジノを開業させ、民間事業者であるIR業者に交通アクセス整備を含む夢洲のインフラ整備に一定の負担をさせることで万博会場整備の負担軽減を図り、インバウンド振興とIRによる税収増で市民福祉に資する財源を確保するという、夢のような「成長戦略」である。しかし、今この成長戦略はIR開業の遅れと公費負担の増大、IR構想の変質により文字通り夢物語と化そうとしている。以下に誘致活動から見えてきた問題点を大きく四つにまとめ、順次、検討していく。

①　コロナ禍の中、事業申請は 1 社のみ

　日本では 2003 年に政府が提唱した「観光立国」などの動きに連動する形で、自民党にいわゆる「カジノ議連」が結成されるなど、カジノ合法化の動きが始まる。この動きはインバウンド消費の拡大とともに強まっていき、2013 年 9 月に 2020 年東京オリンピック・パラリンピック開催決定で一気に高揚する。同年 6 月に日本維新の会が IR 推進法案を衆院に提出していたが、12 月の臨時国会には自民党、生活の党との共同法案を 3 党で共同提出。しかし、他の野党は反対を鮮明にしていたし、与党の公明党にも反対論が根強かった。一方で安保法制議論などが優先されたこともあり、成立には至らなかった。ギャンブル依存症の防止や 5 年以内の見直しという修正を施したうえでやっと法案が成立するのは、2016 年 12 月 15 日だった。法律の正式名称は「特定複合観光施設区域の整備の推進に関する法律」で、IR 推進法と略される。なお、賛成は自民党、日本維新の会のみ。民進党、日本共産党、自由党、社会民主党は反対した。公明党は自主投票とし、山口代表は反対票を投じた。

　議員立法としての推進法が成立したことを受けて、政府（所管省庁は国土交通省）は IR 実施法（正式名称は「特定複合観光施設区域整備法」）の法案を 2018 年 4 月 27 日に提出し、7 月 20 日の参院本会議で可決成立をみる。次の手続きとしては国が基本方針を策定し、その後自治体が実施計画を策定のうえで事業者を募集。次に、IR 区域整備計画の認定申請期間に認定申請した自治体の中から、国が最大 3 カ所を認定するという手順となる。国は 2019 年 9 月 4 日に基本方針案を公表し、パブリックコメント実施後の 2020 年 1 月には正式決定の予定だったが、コロナの影響で基本方針の正式決定は 12 月 18 日まで 1 年近くずれ込んだ。この間、2019 年 12 月には元 IR 担当副大臣の秋元司が IR 参入をめざす中国企業からの収賄容疑で逮捕され、日本維新の会衆院議員の下地幹郎が同企業から現金を受け取ったかどで

離党するという不祥事も発生している。

　ここで維新が強調するIRカジノの経済効果について整理しておきたい。少し時間が前後するが大阪府市は2019年2月12日、「大阪IR基本構想案」を公表した。これによると、IR事業者による投資規模は9300億円で、事業者のカジノでの収益は年間3800億円を見込んでいる。大阪府市への税収効果額は約600億円と見込んでいるが、その根拠はカジノ収益の30％にあたる「カジノ税」の2分の1（国と府が折半）が3800億円×0.3×0.5で約570億円となることを想定してのものと思われる。なお、ここにはカジノ入場料（1人1回6000円）は含まれていない（なお、「案」がとれた基本構想では約130億円を見込んでいる）。

　ところでIR事業者がカジノで3800億円の収益を上げるためには、事業者の利益率を6～7％と見積もれば、賭博に投じられる金額はその約14倍の5兆4000億円にも達することになる（前掲、桜田論文参照）。そんなにカジノに客は集まるのか。賭博にそんな巨額が投じられるのか。

　しかも2021年12月に公表された整備計画では、収益は4900億円にはね上っている。民主ネット大阪府議会議員団の野々上愛、山田けんた両大阪府議が2022年3月24日付で公表した「大阪IRに賛成できない理由」という文書を見てみたい。そこに以下の指摘がある。

　2019年に作成された『大阪IR基本構想』（以下、基本構想）では、IR全体の年間延べ利用者数2480万人のうち、カジノ施設の利用者は590万人と見込んでいた。それが2021年12月23日に公表された『大阪・夢洲地区特定複合観光施設区域の整備に関する計画（案）』（以下、整備計画）では、IR全体の利用者数1987万人のうちカジノ利用者は1610万人と、基本構想の3倍近くまで引き上げられているのである。

　さらに、基本構想ではカジノ売上想定の比率は『外国人2200億円：

日本人1600億円』であったのが、整備計画では『外国人2200億円：日本人2700億円』と、圧倒的に日本人に重きを置いた計画へと変更されている。加えてカジノ入場料は専ら日本人のみが支払うことになるが、基本構想では130億円だった入場料収入が、整備計画では320億円と2.5倍に膨れ上がっており、入場料が必要な来場者＝日本人等を増やす計画であることがここからも見て取れる。

　つまり日本人客から事業者が2700億円もの収益を上げるためには、日本人はその約14倍の3兆7800億円もの掛け金をギャンブルに投じなければならないことになる。また、入場料収入320億円を得るには年間のべ500万人を超える入場者がなければならない。IRカジノが成功し、期待通りの税収増を大阪府市にもたらすためには、これだけの日本人客の犠牲が必要なことを忘れてはならない。

　話を時系列に戻す。既に招致に成功した万博が開催される2025年までの開業を急ぐ吉村知事は2019年9月に基本方針案が示されると、正式決定を待たずに大阪府市として自治体が定める実施計画の策定や事業者の公募に着手すると表明した。国は基本方針決定前の事業者公募を容認する方針を示したが、実際に公募に着手したのは大阪府市だけだった。大阪府市の公募は同年12月24日に始まり、当初2020年6月ごろに決定を予定していたが、新型コロナウイルス感染拡大の影響でこの決定も大きくずれ込むことになる。しかも応募したのはMGMリゾーツ・インターナショナル（本社はラスベガス）とオリックスの連合体（以下、MGMオリックスと略）1団体のみだった。コロナ禍の影響で多くのカジノ事業者は日本進出から撤退していたのだ。応募が1社のみの場合、競争原理が働かず、事業者優位の選考になることが懸念されたが、その影響はすぐに表れた。

　府市は公募の一方で実施計画の策定に取り組んでいたが、この内容が当初

表明していた内容から大幅な変更を余儀なくされる。まず、万博前としていた開業時期は先送りされた。カジノ以外の施設規模も大きく見直された。これを報じた新聞記事によると、「また『10万平方メートル以上を確保』としていた展示場施設は『2万平方メートル以上』に引き下げた。関西最大の展示場『インテックス大阪』（約7万平方メートル）にも及ばない規模だ。『開業時には』との条件を付けており、15年以内をめどに6万平方メートル以上、35年以内に10万平方メートル以上への拡張を求めてはいる。ただ、経済状況次第で見直しも可能とし事実上、拡張なしも容認した」とある（2021年3月3日、産経新聞）。こうした見直しはコロナ禍で経営難に直面したMGMが撤退してしまわないよう、大阪府市が要望を受け入れたものであると報じられた。大阪府市は変更した実施計画を2021年3月に策定し、形ばかりの事業者の追加募集を行ったうえで、2021年9月28日、MGMオリックスの提案が府市の条件に見合うとして事業者に決定した。

②　市負担で液状化、土壌汚染対策等に790億円投入

　一方、事業者決定直後からMGMオリックスへの新たな優遇措置が露見する。MGMオリックスは2021年3月、大阪市と賃貸契約を結ぶ夢洲の建設予定地について、ボーリング調査を行った結果、液状化の危険性があるとして、その対策費の市負担を求めた。その額は液状化対策費約410億円、土壌汚染対策費約360億円、地中障害物撤去費約20億円の総額約790億円に上る。事業者が大阪市に支払う賃貸料は年間約25億円だから、契約期間35年で大阪市が受け取る賃料収入の総額は約875億円である。これと比較するとこの対策費がいかに桁外れのものであるかが理解されよう。

　当初、市内部には住民訴訟になれば敗訴する可能性があることなどを根拠に、大阪市が負担することに対する慎重論も存在したが、松井市長が押し切る形で6月29日、「IRができる環境を整えるのが我々の役割だ」として市

負担を決定する（この経緯は毎日新聞大阪版が情報公開請求に基づいて行った 2021 年 12 月 19 日及び 2022 年 3 月 27 日の調査報道記事に詳しい）。この決定が公表されるのは、事業者決定後の 10 月 5 日の市議会においてである。松井市長が「安全な土地を提供するのが市の責任だ」と対策費の市負担を表明する。

　この問題については対策費の額が事業者の試算を鵜呑みにしており、対策工事も事業者が行うことを問題視する意見がある。市に安全な土地を提供する責務があるというなら、市の責任で調査を行い、土壌改良工事も市が直接実施すべきであるという意見だ。また、液状化対策が市の責任で行われるなら、今後想定される地盤沈下が起こった場合、その対策費用の負担も求められるのではないかと懸念する声もある。

　なお、2023 年 9 月に 410 億円と想定していた液状化対策工事費が工法の変更により 255 億円に圧縮されるとの報道があった。これは想定していた工法では地盤沈下を引き起こす危険性があるため、施工範囲を IR 施設直下に限定して「セメント系固化」と呼ばれる工法に転換することにより、経費の圧縮が見込まれたとする報道である。しかし、総工費約 790 億円の対策費予算枠は維持されており、今後、地盤沈下等によりさらに増大する可能性も消えたわけではない。この夢洲 IR 予定地の土地改良事業については 2022 年 8 月、大阪市の財政負担の差し止めを求める住民訴訟が提訴されている。

③　低価格に鑑定された土地賃料

　さらに、この賃料そのものが不当に安すぎるのではないかという疑惑が浮上する。発端は賃料決定にあたって、大阪市港湾局が委託した不動産鑑定業者 4 社のうち 3 社の鑑定額が全く同じであったと、「ダイヤモンドオンライン」（2022 年 9 月 30 日）と「しんぶん赤旗日曜版」（2022 年 10 月 2 日）が報道したことに始まる。3 社は 1 平方メートル当たりの土地価格が 12 万円、月額賃料は 428 円、利回りは 4.3% と全く同じであったという。通常、不動産鑑

定の常識ではありえず、しかもこの鑑定額が極めて安いと指摘された。「しんぶん赤旗日曜版」の調査に協力した不動産鑑定士の試算では年間賃料は約40億円が相当で、約25億円ならば1年で15億円、35年で500億円の優遇だと同記事は報じている。また、MBSが「よんチャンTV」（2023年1月31日）でこの問題を取り上げた際の解説によると、今回の鑑定額1平方メートル当たり12万円に対して、USJに隣接するホテルの地価は46.3万円、りんくうアウトレットは21.9万円、2022年3月に売却された南港東の埋立地でも約46万円という。大阪港湾局は国内で実績のないIR事業を想定しての評価は難しいという鑑定業者の意見を受けて、IR事業を考慮せずに評価することを依頼したため、ホテルなどより評価額が低いショッピングモールなどの大規模商業施設を想定した評価になり、安価になった。また、この鑑定額は大阪市不動産評価審議会で妥当と評価されているので問題ないと説明した。しかし、同番組は当時の審議会委員の不動産鑑定士への取材から、そもそも3社の数字が一致したことやIRを考慮していないことなどは審議の対象になっていなかったと報じた。

　一方、「しんぶん赤旗日曜版」は11月27日の続報で、この賃料が決定されてきた経過を報じている。まず、大阪府市は2018年度に「価格調査」を不動産鑑定業者2社に依頼する。この2社は後に鑑定評価した4社のうちの2社である。2社は2019年3月までに調査報告書を作成し、府市はこの評価を平均化してIR事業のコンセプト募集（RFC）の募集要項の中の「土地の契約参考価格」を決定する。その内容は「売却の場合は12万円/㎡、貸付の場合は435円/㎡・月額」というものだった。ちなみに、RFCとは「大阪府・市が2019年2月に公表した『大阪IR基本構想（案）』等をもとに、本事業を実施する意思を有する民間事業者から、具体的な事業コンセプトの提案を募るもの（Request for Concept）」で、「早い段階から、大阪府・市及び民間事業者の相互理解を深めることで、より良い本事業の実施につなげる」

ことなどを目的としている（募集要項より）。応募事業者はＭＧＭオリックス、Galaxy Entertainment Japan 株式会社、ゲンティン・シンガポール・リミテッドの３社であった。募集要項の参考価格には註が付され、「本 RFC のための参考価格であり、将来、鑑定等により異なる価格になる可能性がある」としている。しかし、「しんぶん赤旗日曜版」はこの参考価格を決定した４月 24 日の「市戦略会議」の議事録をスクープとして次のとおり報道した。

> 松井市長 「ＲＦＰ（提案募集）の時にもう１度土地価格の鑑定をとるのか」
> ＩＲ推進局長 「基本的に鑑定の中身については変わるものではない」
> 松井市長 「ほぼこの価格なのか」
> 港湾局長 「そうだ」
> ＩＲ推進局長 「逆に変わると事業計画に大きく影響するので、できるだけ変えずに」

RFP とは Request for Proposal の略で、IR 事業者の正式募集のことである。つまり大阪府市はコンセプト募集の段階で、正式な事業者募集の際の賃料をほぼ決めていたことになる。その後、RFC の参考価格算定にかかわった２社を含む４社に鑑定依頼をし、前述のとおり、うち３社の鑑定結果が全く同じという同年 11 月の鑑定結果につながっていく。なお、この夢洲 IR 用地を不当に安い価格で貸す契約は違法だとして、契約差し止めを求める住民訴訟が提訴されている。

　以上の液状化対策費等の市負担と不当に安く鑑定された賃料の問題を重ね合わせてみる。一方で賃料は IR の実績がないことを理由にショッピングモールという比較的軽便な建物を想定した安価な額に設定し（しんぶん赤旗日曜版は約 500 億円の優遇と試算している）、もう一方で液状化リスクのある土

地では IR のような大規模開発は困難としてその土地改良費（約 790 億円）を公費負担する。土地改良しても賃料は上げないわけだから、合計 1300 億円近い優遇といえる。こうした事業者への優遇措置はまさに「早い段階から、大阪府・市及び民間事業者の相互理解を深めること」で大阪府民、大阪市民に知らされることなく進められていたわけだ。

④　大幅に遅れる開業時期

　国が IR 区域整備計画の認定申請を受け付けたのはこの直後の 2021 年 10 月 1 日から 2022 年 4 月 28 日だった。当初誘致を表明していた横浜市は、2021 年 8 月の市長選挙で誘致撤回を公約に掲げた山中竹春候補が当選し、9 月に誘致撤回を正式表明した。また、和歌山県も県議会が 2022 年 4 月 20 日、認定申請議案を否決したことにより申請をとりやめた。大阪府市は正式には 2022 年 4 月 25 日に申請を行う。大阪府市以外では長崎県のみが申請した。維新は 2022 年秋ごろにも認定されると見込んでいたようだが、液状化対策への多額の公費負担の増、住民投票実施要求をはじめとした市民による反対運動の活発化などを背景に国の認定は 2023 年 4 月 9 日の大阪ダブル選挙後にずれ込んだ。結果的には、知事、市長ともに維新候補が圧勝したことを受けて、直後の 4 月 14 日に国は認定を決定した。なお、長崎県については継続審査の扱いとなった。

　大阪 IR は紆余曲折を経て、区域認定までたどり着いたが、認定審査委員会の評価は 6 段階評価の上から 3 番目となる「B」で、高評価は得られなかった。ここまで指摘してきたような様々な不安材料が払しょくされたわけでも疑惑が解明されたわけでもない。ギャンブル依存症への懸念も依然として大きい。なお、大阪 IR の広報業務を担う予定だった読売連合広告社は 2023 年 5 月 12 日、府市との契約締結を辞退すると発表した。ギャンブル依存症問題等で IR への賛否が分かれる中、「新聞社の関連会社として社内検討が不

十分だった」ことを辞退の理由と説明している。読売新聞は 2021 年 12 月、大阪府と包括連携協定を結んだことで、民主主義を危うくする行為として多くのジャーナリストから批判された経緯を持つ。

　大阪府市は 9 月 5 日、IR カジノの実施協定案を決定した。これを受けて大阪府は 9 月 28 日、事業者である MGM オリックスと実施協定を締結した。協定書の概要は以下のとおりだ。開業時期については約 1 年ずれ込む 2030 年秋とした。工事の進み具合によってはさらに 1 ～ 2 年遅れる可能性についても言及している。実施協定の「解除権」については、事業者の意向を踏まえ、3 年間延長し、2026 年 9 月までとした。この期間内であれば事業者は違約金なしで事業から撤退できる。また、「土壌課題対策費」として大阪市が 788 億円を上限に負担することが明記された。さらに、開業後に施設を増築する場合にも市が土壌対策費を負担することも盛り込まれた。このように協定は事業者に最大限の配慮をおこなったものとなり、それに伴う府市の財政負担の増加が懸念される。なお、IR カジノの建設については、2024 年夏ごろから準備工事に着手し、万博開催中も工事を続行するという（以上、「毎日新聞」2023 年 9 月 6 日の記事を参考に要約）。毎日新聞 9 月 8 日の続報によると、大阪市は IR 増築にともなう土壌対策費として、最大約 257 億円を想定しているとのことだ。

　万博も IR カジノも当初、維新が標榜していたものと大きな齟齬が出てきており、大阪の有権者も厳しい目を向け始めている。一方で、大阪維新の会は統一自治体選挙で知事、市長とともに府議会、大阪市議会でも過半数を大きく超える議席を確保し、ある意味「なんでも決められる」権力を手中に収めている。市民の監視を強めなければならない。メディアも維新に迎合するのではなく、調査報道に努めてもらいたい。

3　維新の国政政党への挑戦の軌跡

　ここからは 6 章への橋渡しの意味も含めて、国政政党としての維新について分析する。維新の国政への挑戦は 2011 年 9 月の橋下知事（当時）発言から始まるが、紆余曲折を経て、現在、実質的な意味で国政に影響を与える存在にまで成長してきたといえる。その足跡をたどりながら、その意味を考えたい。

1）「維新」はそもそも地域政党か

　「維新」は大阪の地域政党である「大阪維新の会」として誕生し、やがて改革を全国に広げるために国政政党に成長していこうとしていると受け止められることが多い。しかし、それは真実だろうか。「維新」はそもそも地域政党として誕生したのだろうか。

　都構想の実現などを掲げて「大阪維新の会」が結成されたのは 2010 年 4 月である。代表が大阪府知事で、構成員の中心は自民党を離党した大阪府議会議員であったため「地域政党」と呼ばれることが多かったが、もっぱらその地盤とする地域に固有の政治マターに取り組む政治団体を「地域政党」と呼ぶなら、「大阪維新の会」は発足当初から必ずしもそうした性格の政治団体ではなかった。実質的には推薦母体であった自民党大阪府議団や公明党大阪府議団との対立も辞さずに府庁移転や議員定数削減に突き進む橋下徹知事（当時）を支持する地方議員の集まりであり、「首長政党」と呼ぶ方が実態に近いかもしれない。もっとも橋下の政治的発言は大阪の地方自治にターゲッ

トを絞ったものではなく、つねに国政をも意識したものであったといえる。その意味では「首長政党」と呼ぶのも妥当とはいえず、強いて名づけるなら「橋下新党」としかいいようがないものかもしれない。

　橋下のしたたかさは、政治的足がかりを得た大阪への影響力を保持しつつ、国政進出への道筋をつけるために「大阪都構想」という政策をひねり出したことにある。都構想とは大阪の改革を大阪市の廃止・分割という極端な制度改革で成し遂げるという極めてインパクトの強い政策である。同時に、都構想は法改正なしには実現し得ないという意味で国政マターでもある。大阪において都構想に反対する勢力を「守旧派」「既得権益」としてあぶり出し政治的対立軸を創出するとともに、都構想実現にむけた法改正ができないなら国会は機能不全だとして大阪のために維新が国政に進出するというストーリーを成立させた。

　国政進出は維新に参集した府議会議員たちにも魅力であった。自民党府議である限り世襲議員などに阻まれ、なかなか国政選挙に打って出るチャンスに恵まれない。維新という看板がこの壁を突破してくれるのではないか。そう期待した所属議員は少なくないと思われる。つまり維新の国政への挑戦は創設者たる橋下の政治的野心からも、大阪維新の会に参集した自治体議員の上昇志向からも、必然であった。しかし、その道は必ずしも平坦とはいえなかった。

2) 第 1 期「日本維新の会」の結成と分裂

　橋下知事は 2011 年 9 月、都構想実現に向けて維新の会で国政をめざすと発言する。橋下は 11 月の大阪市長選挙前に知事を辞任し、後任候補に大阪府議の松井一郎を立て、自らは大阪市長選挙に立候補し、ともに勝利を収める（いわゆる第 1 回大阪ダブル選挙）。橋下・大阪維新の会に全国的注目が

集まる中、候補者の発掘、育成のために 2012 年 3 月に設立した「維新政治塾」には、400 人程度の募集に対して 3,326 人もの応募があり、予定に倍する 888 人が入塾する。橋下は 9 月 28 日、「日本維新の会」を正式発足させ、代表に就任する（幹事長には松井一郎が就任）。なお、この日本維新の会は後に消滅するが、2016 年に同名の政党が再建される。そのため見出しには第 1 期と付したが、文中においては付さない。

　一方、石原慎太郎東京都知事が新党結成に動く。石原は 10 月 25 日、知事を辞職し、次期衆院選に東京比例ブロックから出馬することを表明する。これは 11 月 13 日、平沼赳夫が党首を務める「たちあがれ日本」を「太陽の党」に党名変更し、石原が平沼とともに共同代表に就任する形で実現するが、そのわずか 4 日後の 17 日、太陽の党は日本維新の会と合流する。代表には石原が就任し、橋下は副代表となる。

　新たな国政政党としての「日本維新の会」は「第三極」待望論が高まる中で、2012 年 12 月 16 日に執行された総選挙で 54 議席（小選挙区 14 議席、比例区 40 議席）を獲得し、第 3 党に躍り出る。同時にこの選挙で民主党は政権を失い、第 2 次安倍政権が発足する。

　なお、小選挙区 14 議席のうち在席現職からの再選は石原系の岡山 3 区の平沼赳夫と熊本 4 区の園田博之の 2 人のみ。残り 12 議席はすべて大阪選挙区での当選だった。そのうち現職衆議院議員で自民党からの移籍組が 10 区・松浪健太と 14 区・谷畑孝の 2 人。地方議員からの転身が 1 区・井上英孝（大阪市議）、13 区・西野弘一（府議）、15 区・浦野靖人（府議）、17 区・馬場伸幸（堺市議）の 4 人。新人が 4 区・村上政俊、8 区・木下智彦、9 区・足立康史、11 区・伊藤信久、18 区・遠藤敬、19 区・丸山穂高の 6 人となっている。また、比例ブロックで当選した 40 議席のうち 10 議席は近畿ブロックが占めている。近畿比例 1 位当選は維新の比例単独候補で名簿登載順位 1 位の東国原英夫・元宮崎県知事、近畿比例順位 29 位で滑り込んだのは兵庫

6 区に維新から立候補し比例復活を果たした杉田水脈（現自民党衆議院議員、中国比例）だった。

　ちなみに近畿の小選挙区の動向は、民主党が 41 議席から 6 議席とひとり負けし、自民党が 5 議席から 24 議席、公明党が 0 から 6 議席と政権交代前もしくはこれを上回る水準に復活しており、必ずしも維新のみが勝利を収めたわけではなかった。しかし、大阪の 19 選挙区に限れば自民は 3 議席にとどまり、その後の退潮を予感させる結果となった。

　このように華々しく登場した「日本維新の会」ではあったが、石原、平沼らを中心とした日本における極右政党の草分けともいえる旧「たちあがれ日本」系のメンバーと、市場原理主義的ではあるが当時は右派的な思想と一定の距離をおいていた橋下を中心とした大阪維新系のメンバーには当初から確執があった。国政経験が長いというだけで「たちあがれ」系議員が幅を利かすことに、人気の源泉を築いたという自負のある大阪維新系メンバーには反発があったと思われる。また、安倍政権の成立により、いわゆる「安倍・菅」体制となり、菅官房長官に太いパイプを有する松井幹事長などからすれば、安倍政権との関係を強めた方が政治的には実利があると見切っていたのかもしれない。

　2013 年 1 月にはいったん副代表に退いた橋下が再び石原とともに共同代表に復帰する。しかし、拠点の大阪からの勢力拡大をめざした 2013 年 4 月の兵庫県伊丹市長選挙、宝塚市長選挙で惨敗。5 月には橋下が行った従軍慰安婦は必要であったとする発言や沖縄海兵隊司令官に対して行った「風俗」を活用せよという発言が国内外から大きな批判にさらされる。こうした影響もあり、6 月の東京都議選挙では 2 議席（選挙前は 3 議席）しか獲得できない惨敗を喫する。7 月の参院選でも選挙区 14 人、比例区 30 人を擁立して臨んだが、当選は選挙区 2、比例区 6 の 8 議席にとどまった。12 月には東国原が離党と議員辞職を表明。翌 2014 年 1 月には橋下が進めようとする「結

の党」（代表・江田憲司）との合流に石原が護憲政党との合流は飲めないと猛反発するなど、党内対立が深刻化していく。

　最終的に 5 月 28 日の石原、橋下会談で「日本維新の会」を分党することで合意。石原グループは 8 月 1 日、「次世代の党」を結党する。代表には平沼が就任し、石原は最高顧問となった。橋下ら大阪維新系は「結の党」と合流し 9 月 21 日、「維新の党」を結党する。

3）「維新の党」の結党と分裂

「維新の党」のもう一つの母体である「みんなの党」の結党から分裂について振り返っておく。「みんなの党」は 2009 年 8 月、自民党を離党した渡辺喜美や無所属の衆院議員であった江田憲司ら 5 人の国会議員によって結成される。長期に政権の座にあった自民党への批判が高まる中で、「みんなの党」は第三極をめざす政党として一定の注目を集めた。しかし、当時は政権交代を実現した民主党に国民の期待が集中し、「みんなの党」への支持は広がりを欠いていた。

　その頃、大阪では橋下知事が注目を集めていた。2010 年の参院選で民主党が大敗を喫し、民主党政権が行き詰まりを見せ始めると、再び第三極への期待が高まる。大阪維新の会はそれを地方から発信しつつあった。「みんなの党」は維新人気を自らの勢力伸長に呼び込むべく、2011 年 11 月の大阪ダブル選挙では「勝手連」と称して橋下、松井を応援する。また、他党に先駆けていわゆる都構想の実現を可能とする地方自治法改正案提出に取り組むなど、大阪維新の会との連携を強く意識した国会活動を展開する。しかし、大阪維新が 2012 年 11 月、保守色の強い「たちあがれ日本」と合流する形で国政政党「日本維新の会」を立ち上げたため、「みんなの党」との合流は遠のくことになる。ただ水面下では合流をめざす交渉は続いていたのではな

いか。前述のとおり橋下が推し進めようとする「結の党」との合流話に石原が反発したのが「日本維新の会」分裂の直接の原因であったが、「みんなの党」の分裂の背景にも「日本維新の会」との合流をめぐる党内対立があった。

　分裂の直接の原因は、特定秘密保護法案の修正協議に渡辺代表が応じ、賛成に転じたことに抗議しての 2013 年 12 月の集団離党である。しかし、それ以前から野党再編をめぐって渡辺代表と江田幹事長の対立は深刻化していた。既に 8 月の段階で日本維新の会の松野頼久と江田が会談を持ったことを理由に、渡辺は江田を幹事長職から更迭している。離党した江田グループ（江田自身は除名）は 12 月 18 日に「結の党」を結党。党名は江田の発案で、野党再編への思いが込められているという。

　こうして石原グループと袂を分かったうえで、大阪維新グループは「結の党」と合流し、「維新の党」を 2014 年 9 月 21 日に結党するに至るが、同党も発足直後から内紛が絶えない様子だった。そもそも橋下や大阪維新には、同党に対する支持の源泉は橋下のカリスマ的人気と大阪維新の会という強固な組織力を有する政治団体のブランド力にあるという自負がある。しかし、国政政党である以上、活動の中心は国会活動である。いかんせん大阪維新出身の国会議員はいわば駆け出しばかりである。いきおい国会対策にたけた江田をはじめとした旧「結の党」系のベテラン議員に牛耳られてしまう。それが腹に据えかねる。その意味では石原グループとの関係で犯したのと同じ過ちを繰り返していると有権者にはみえたのではないか。しかし、問題の本質は国政政党、国政進出をめざしながら、大阪維新グループの中に国政政党としての理念と政策が確立していないことにあった。石原グループと江田グループという、例えば憲法観からは対極ともいえるいずれとも合流ができるというのであれば、そこにあるのは政局観だけといわざるをえない。

　「維新の党」分裂の直接の引き金は都構想住民投票にあった。「維新の党」は共同代表制を取り、橋下と江田が就任していたが、住民投票に専心するこ

とを理由に橋下が 12 月 23 日に共同代表を辞任し、江田が単独代表となる。都構想住民投票は 2015 年 5 月 17 日に執行され、維新にとっては想定外の結果であったろうが、「反対」多数で都構想は否決される。橋下は公言していた通り、同年 12 月 18 日の市長任期満了をもって政界引退を余儀なくされる。一方で、江田も住民投票敗北の責任を取って代表を辞任することを表明する。後任の代表に選出された松野頼久は民主党との合流による野党再編に舵を切ろうとする。これに大阪維新グループは猛反発し、橋下、松井は 8 月 27 日に役職辞任とともに離党。新党結成を打ち上げる。大阪維新グループがこれに追随し、10 月 31 日に形式的には分党という形で「おおさか維新の会」の結党大会が開催される。しかしこれに至る過程では松野代表の正当性をめぐる紛糾や政党助成金用の通帳、印鑑の奪い合いなど泥仕合ともいえる党内抗争が展開された。

　一方、大阪維新グループが離党した「維新の党」は民主党との合流に突き進む。合流の形態は民主党が維新の党を吸収合併することになったが、維新の党は党名変更にこだわり、最終的に維新側が提案した「民進党」を新党名とすることで決着した。

4）「おおさか維新の会」から第 2 期「日本維新の会」へ

　「おおさか維新の会」は 2015 年 10 月 31 日、結党大会を開催し、代表に橋下を、幹事長に松井を選出する。しかし、橋下は市長任期満了をもって政界引退を表明していたため、12 月 12 日に開催された党大会で松井を代表に、参議院議員の片山虎之助を共同代表兼国会議員団長に選出した。

　2016 年の参院選では大阪選挙区で 2 議席、兵庫選挙区で 1 議席、比例で 4 議席を獲得し、一定の存在感を示した。また、参院選後の 8 月、党名を「日本維新の会」に変更した。この政党が現在まで存続している大阪維新を母体

とした国政政党「日本維新の会」である。以下に主要な選挙の結果を中心に
その足跡を概観する。

2017 年 10 月 22 日の総選挙では安倍政権が一定の支持率を維持する一方
で、注目された小池百合子都知事率いる「希望の党」が失速し、枝野幸男が
設立した「立憲民主党」に追い風が巻き起こる中で、維新は埋没を強いられた。
地盤の大阪においても小選挙区では 3 議席（前回は 12 議席）しか獲得でき
なかった。ちなみに大阪選挙区における他党の議席獲得数は自民が 10 議席、
公明が 4 議席、立憲が 1 議席、民主系無所属が 1 議席である。

2019 年 7 月の参院選では引き続き大阪選挙区で 2 議席、兵庫選挙区で 1
議席を獲得するとともに、東京や神奈川でも選挙区での当選者を出し、議席
数も 7 議席から 10 議席に増やした。

2020 年 11 月 1 日、都構想の是非を問う 2 度目の住民投票が実施され、
再び「反対」多数で否決。この結果を受けて、松井市長は「大阪維新の会」
代表辞任と市長任期満了（2023 年 4 月）をもって政界を引退することを表
明した。

2021 年 10 月 31 日に執行された総選挙で日本維新の会は 41 議席（改選
前は 11 議席）を獲得して躍進をはたした。特に大阪では 19 選挙区中、公
明党との選挙協力により候補を擁立しなかった 4 選挙区を除く 15 選挙区で
議席を独占した。

2022 年 7 月の参院選では選挙区 4 議席、比例 8 議席を獲得。比例区では
野党第 1 党の立憲民主党の得票を約 100 万票上回る約 790 万票を獲得した。

2022 年 8 月 27 日、代表選挙を実施。衆院議員で前幹事長の馬場伸幸が
新代表に選出された。幹事長には衆院議員の藤田文武が就任。吉村知事は共
同代表に就任した。

5)　国政政党としての地歩を築く「維新」

　2023年4月の統一自治体選挙の結果については次章で分析するが、概略だけを記す。「大阪維新の会」は4度目の大阪ダブル選挙に圧勝するとともに、大阪府議会の議席の約7割を独占し、大阪市議会も議席の過半数を獲得、大阪における強さを見せつけた。同時に「日本維新の会」も躍進を遂げる。前半戦では奈良県知事選挙において「日本維新の会」公認候補として擁立した山下真が当選し、大阪以外で初めての公認知事を誕生させた。後半戦と同日に執行された和歌山1区の衆院補欠選挙では、自民党の公認候補を下し公認の林佑美を当選させた。また、目標とした全国で自治体議員600人を大きく上回り、「日本維新の会」所属の首長や地方議員は774人に達した。

　以上みてきたように、大阪で「維新」が誕生して以来、紆余曲折を経ながらも「維新」は既存の政治グループとの連携を断ち切り、ある意味「純血主義」に回帰することで、結果的には国政政党としての地歩を築いてきたといえる。このため、その影響力はなお近畿圏に限定的という見方もあるが、逆にいえば、近畿においては地方議会での勢力拡大も含めて、地域に根を張った政治勢力として確立した。馬場代表は次期総選挙で野党第1党となり、今後3回以内の衆院選で政権奪取すると公言している。その実現に向けて、次期総選挙では全選挙区で候補擁立をめざすという。これは大阪、近畿で行ってきた公明党との選挙協力を白紙に戻すことをも意味している。事実、維新は大阪・兵庫で公明が議席を有する6選挙区への候補の擁立を決めている。一方で、自民党が分裂した場合、「改革保守」路線を取るグループと連携する用意があると発言するなど、自民党に揺さぶりをかけている素振りもみられる。大勝利に酔い、わが世の春を謳歌しての慢心からの大風呂敷ともうけとれるが、維新の本音であることは間違いない。

6章

維新 vs. 反維新の
政治構図を超えるために

1　第 4 回大阪ダブル選挙
　　および統一自治体選挙 2023 結果分析

1)　統一自治体選挙 2023 をめぐる情勢の特徴

　4 章 2 節で素描した 2022 年の国内外の状況を「破局の予兆」と形容したが、この混迷は 2023 年にはいっても継続していた。

　国際政治においてはロシアのウクライナ侵攻による戦闘は長期化し、侵攻から 1 年を経過しても停戦への展望は未だ見出せずにいる。エネルギー資源や食糧の輸出入の停滞も影響し、世界的にインフレが人々の生活を圧迫している。また台湾問題をめぐり、米中の緊張は高まっており、日米関係重視を鮮明にする日本は中国との関係もギクシャクしたままである。

　国内政治においては、岸田政権が 2022 年 12 月に世界的な緊張激化を背景に、防衛費を GDP 比 2% に増額するため、5 年間で 43 兆円の増額を閣議決定し、同時にその財源を増税によって賄う姿勢を示したため、批判が高まった。

　一方、経済動向をみると、2022 年を通じて進行した円安は 10 月には 1 ドル 150 円台に達した。背景にはインフレ抑制のため金利を上げた諸外国に対して、日本はゼロ金利を継続したため、金融資産が海外に流出したことが指摘されている。食糧やエネルギー資源の多くを輸入に頼る日本は物価高に見舞われ、2022 年 12 月の消費者物価指数は 4% 増となった。2023 年に入っても値上げが相次ぎ、2023 年 1 月の実質賃金が前年同月比 4.1% 減となった（厚生労働省毎月勤労統計調査）。

　安倍政権時代に「異次元の金融緩和」を主導した黒田東彦日銀総裁は、2023年4月8日に退任したが、後任の植田和男新総裁は当面、金融緩和政策を継続するとしている。「出口戦略」の必要性が指摘されながら舵を切れないのは、日銀が保有する国債に起因している。2023年3月31日時点での日銀の国債保有残高は581兆7206億円の巨額に上っており、仮に1%金利を上げるだけで、国の国債の利払い額は約6兆円増えるといわれており、金利を上げたくても上げられないとの指摘がある。

　しかし、金融緩和の継続はさらなるインフレを招くことにつながる。連合は4月13日、2023春闘回答集計結果を公表した。それによると平均賃上げ額・率は11,022円・3.69%（定昇込み）で昨年同時期比4,765円増・1.58ポイント増となり、30年ぶりの高水準と言われている。だが、総務省が8月18日発表した7月の全国消費者物価指数は105.4で、前年同月比3.1%上昇となった。6月の3.3%から上昇ペースは鈍化したものの、11カ月連続の3%超の上昇率で、依然として物価高が家計を圧迫し続けている状況に変わりはない。毎日新聞が8月26、27日に行った世論調査によると、「2023年度の最低賃金が全国平均で43円引き上げられ、時給1004円となることについては、『不十分だ』が44%で、『妥当だ』の39%を上回った」（毎日新聞2023年8月28日朝刊）。春闘による一定の賃上げも今後のインフレの状況次第では、実質賃金の改善につながるかどうかはなお不透明といわざるをえない。

　2023年度の国家予算は一般会計の総額が過去最大の114兆3812億円となった。新たに発行する国債は35兆円を超え、財源の3割以上を国債に頼る厳しい財政運営が依然として続く。注目された防衛費は、前年比1兆4192億円増の6兆7880億円だが、「防衛力強化資金」という新たな枠組みで計上された3兆3806億円を加えると、防衛関係費で10兆円を超える。超高齢社会の進展などに伴って増加し続けている社会保障費は、前年度比

6154 億円増の 36 兆 8889 億円で、過去最大を更新した。

　以上のように、日本はまさに内憂外患に直面しており、岸田政権は決して処方箋を描き切れているとはいえない状況にあるが、不思議なことに 2023 年 1 月以降内閣支持率が回復していく。奇妙なのは防衛費増にともなう増税議論や子育て支援政策など政策に対しては厳しい反応があるにもかかわらず、支持率が回復したことだ（もっとも 8 月には再び低下傾向となる）。そして大阪における 2023 年の政治の焦点は、4 月 9 日に投開票される統一自治体選挙と同日に実施される大阪ダブル選挙に移っていくことになる。

2)　大阪ダブル選挙における維新の圧勝

　2023 年 4 月 9 日の統一自治体選挙前半戦は、大阪においては大阪府議会議員選挙、大阪市議会議員選挙、堺市議会議員選挙と大阪府知事選挙、大阪市長選挙のいわゆる大阪ダブル選挙との同日選として実施された。

　4 度目となる大阪ダブル選挙に向けて着々と準備をすすめていた大阪維新の会は 2022 年 12 月 10 日、候補者を決める予備選挙の決選投票で横山英幸大阪府議を市長候補に決定した。また、吉村知事は 12 月 20 日、大阪維新の会の会合で、再選をめざして知事選挙に立候補する意向を表明した。

　年が明けた 2023 年 1 月 7 日、共産党系の市民団体「明るい民主大阪府政をつくる会」は知事選に辰巳孝太郎元参院議員を擁立すると発表した。

　一方、都構想住民投票で反対運動を担った団体や市民が集まり、知事、市長候補の推薦母体としての政治団体「アップデートおおさか」の設立準備が進められたが、肝心の知事・大阪市長候補の選定は難航した。「アップデートおおさか」設立記者会見を行った 2 月 8 日、ようやく知事候補に谷口真由美、市長候補に北野たえこの推薦決定にこぎつけ、その場で発表した。谷口真由美は法学研究者でテレビのコメンテーターとしても活躍していた。北野

たえこは 2005 年から大阪市議を務めたベテラン市議で、2020 年の住民投票では反対派を代表してテレビ討論などで活躍した。北野は立候補にあたり自民党を離党し、市民派として選挙に臨んだ。

なお、知事選挙は参政党の吉野敏明他 3 人も立候補し合計 6 人で、市長選挙にはその他 3 人が立候補し合計 5 人で争われた。

しかし、選挙の争点は有権者に浸透しなかった。吉村知事が 2020 年の住民投票直後に、自分の知事在任中は都構想の再チャレンジはしないと明言していたため、都構想は争点とはならなかった。「アップデートおおさか」の両候補が最も訴えたのは、IR カジノ誘致の問題点であった。ギャンブル依存症問題などカジノ誘致そのものの是非を問う問題指摘に加え、当初公費の投入はしないといっていたにもかかわらず、土壌汚染対策として約 790 億円もの土壌改良費を大阪市が負担することに変更されていることなど、維新政治の問題をただした。そして IR カジノ誘致の是非を問う住民投票の実施を訴えた。

これに対し、維新側の候補は IR カジノについては認可申請済みの問題であり、ボールは国にあるとして争点化を避けた。コロナ禍で死者数が東京都を上回り全国ワーストワンとなるなど、保健医療を軽視した維新政治の弊害を問う論点も提起されたが、コロナ対応に関する限りテレビで露出を続けた吉村知事を評価する世論が上回った。

一方、アップデートおおさか側は団体設立および候補者擁立の遅れに加え、自民党改憲案に異を唱えた谷口候補の過去の発言への自民党支持層の反発や IR 誘致に対する賛否が拮抗したことなどにより、支持の広がりを欠く結果となった。

結果として、吉村知事の人気の高さと大阪の自治体議会で圧倒的多数の議席を有する維新の活動量に及ばず、知事選、市長選とも維新候補の圧勝に終わった。

【大阪府知事選挙】

投票率　46.98%（2019 年 49.49%/2015 年 45.47%/2011 年 52.88%）

吉村　洋文　　2,439,444（73.7%）［吉村 2,266,103/ 松井 2,025,387
　　　　　　　　　　　　　　　　　　　/ 松井 2,006,195］

谷口真由美　　437,972（13. 2%）［小西 1,254,200/ 栗原 1,051,174
　　　　　　　　　　　　　　　　　　/ 倉田 1,201,034］

辰巳孝太郎　　263,355（8.0%）

吉野　敏明　　114,764（3.5%）

【大阪市長選挙】

投票率　48.33%（2019 年 52.70%/2015 年 50.51%/2011 年 60.92%）

横山　英幸　　655,802（64.6%）［松井 660,819/ 吉村 596,045
　　　　　　　　　　　　　　　　　/ 橋下 750,813］

北野たえこ　　268,227（26.4%）［柳本 476,351/ 柳本 406,595
　　　　　　　　　　　　　　　　　/ 平松 522,641］

3）　大阪市議会でも維新過半数を制す

　同日に実施された大阪府議会議員選挙及び大阪市議会議員選挙においても
維新候補が席巻する結果となった。

　大阪府議会は定数が 88 議席から 79 議席に 9 議席減となっていた。にも
かかわらず維新は現有 51 議席から 4 議席増の 55 議席を獲得し、議席占有
率は約 7 割となった。一方、自民党は 15 議席から 7 議席へと 8 議席も減ら
した。連合推薦の野党系は 3 議席のうち高槻市、枚方市の 2 議席は守ったも

のの、大阪市内で唯一確保していた旭区の議席を失った。

大阪市議会は定数が 83 議席から 81 議席に 2 議席減となっていた。維新は現有 40 議席から 6 議席増の 46 議席を獲得し、単独で過半数を超えた。ここでも自民党が 17 議席から 6 議席減の 11 議席と大きく減らした。共産も 4 議席から 2 議席に半減。民主系無所属はなんとか 4 議席を守ったが、議席増ははたせなかった。

大阪市議会で過半数の議席を獲得できなければ大阪維新の会代表を辞任すると表明していた吉村知事は、この結果、代表にとどまることになった。

なお、堺市議会議員選挙でも維新は 18 議席と第一党の勢力を維持したが、議席増には至らず、議席占有率も 37.5% にとどまった。

4)　近畿圏を中心に日本維新の会が躍進

維新は国政政党「日本維新の会」として全国の地方議会や首長選挙に公認候補を擁立し、その政治勢力の拡大に挑んだ。

奈良県知事選では、保守分裂の間隙を縫って、公認候補の山下真（元生駒市長）が当選をはたし、大阪府以外では初の公認候補の知事となる（兵庫県の斎藤元彦知事は推薦）。

41 道府県議会選挙では改選前 16 議席から 124 議席に躍進。17 政令市議会選挙で改選前 16 議席から 136 議席に躍進。なお、これらは大阪維新の会所属議員を含む。

特に維新の影響力の大きい近畿についてみると、兵庫県会議員選挙では 4 議席から 21 議席、神戸市議会議員選挙では 11 議席から 15 議席で、いずれも自民党に次ぐ第 2 党。京都府議会議員選挙では 3 議席から 9 議席、京都市議会議員選挙では 4 議席から 10 議席。奈良県議会議員選挙では 3 議席から 14 議席に躍進。和歌山県議会議員選挙では 1 議席から 3 議席にといずれも

大幅に議席数を伸ばした。

5）　後半戦においても躍進し、600 議席を達成

　統一自治体選挙の後半戦は 4 月 23 日投開票で執行された。後半戦では、反維新対維新の対決となった大阪府内の 6 つの市長選挙の帰趨に注目が集まった。

　【吹田市長選挙】
後藤圭二（無・現）　　　71,564…当選
馬場慶次郎（維新・新）　58,761
　【高槻市長選挙】
浜田剛史（無・現）　　　99,816…当選
松浪健太（維新・新）　　42,401
　【八尾市長選挙】
大松桂右（維新・現）　　55,071…当選
田中誠太（無・元）　　　33,086
　【高石市長選挙】
畑中政昭（維新・新）　　14,708…当選
阪口伸六（無・現）　　　11,456
　【大阪狭山市長選挙】
古川照人（維新・現）　　13,589…当選
丸山高廣（無・新）　　　 8,444
　【寝屋川市長選挙】
広瀬慶輔（無・現）　　　64,917…当選
井川晃一（維新・新）　　25,149

　結果は、左記の表のとおりで、現職の後藤圭二吹田市長、浜田剛史高槻市長、広瀬慶輔寝屋川市長が維新候補を下し、再選を果たしたが、阪口伸六前高石市長は維新候補に敗れた。また、前回選挙で敗れた田中元八尾市長は市長の座を奪還できず、古川照人大阪狭山市長は無所属新人を下して再選を果たした。

　また、日本維新の会（大阪維新の会を含む）は後半戦においても、大阪、近畿を中心に堅調に議席を獲得し、前半戦とあわせて目標とした地方議員 600 人を大きく上回った。日本維新の会の発表によると、統一選の結果、維新の首長や地方議員は 774 人に達したという。そのうち 505 人が近畿 2 府 4 県内で、269 人がその他の地域とのことだ。これにより目標を達成できなければ日本維新の会の代表を退くと公言していた馬場伸幸代表は、代表にとどまることになった。

6）　和歌山 1 区衆議院補欠選挙

　後半戦と同日に実施された衆院和歌山 1 区の補欠選挙で日本維新の会公認の林佑美候補が自民党公認の角博文候補を下し、当選した。奈良知事選での勝利に続き、維新の近畿圏内への浸透ぶりを印象付ける結果となった。

　なお、この補欠選挙期間中の 2023 年 4 月 15 日、和歌山市の雑賀崎漁港における自民党候補の集会にかけつけた岸田文雄首相に対し、鉄パイプ爆弾が投擲されるという事件が発生する。岸田首相は無事で、犯人はその場で取り押さえられたが、安倍元首相銃撃事件に続く政府要人への襲撃事件は社会に衝撃を与えた。この事件が投票行動に与えた影響は測りがたいが、同時に行われた国政 5 補選で立憲民主党候補との対決となった選挙ではすべて自民党候補が勝利したにもかかわらず、襲撃事件のあった和歌山 1 区において維新候補が勝利したことは、近畿における維新の強さを示す事実として押さえ

ておかなければならない。

7)　堺市長選挙

　堺市長選挙は 5 月 21 日告示、6 月 4 日投開票で執行された。立候補したのは現職の永藤英機市長と野村友昭・元堺市議のふたりのみで、維新対非維新の一騎打ちとなった。

　既述のとおり前回の堺市長選挙は、維新候補の圧勝が予想された中で、野村候補が僅差に詰め寄る善戦を果たしていた。今回も同じ顔ぶれのたたかいであり、直前に行われた統一自治体選挙での堺市議選において、維新に大阪ダブル選挙や大阪府議選、大阪市議選ほどの伸長はみられなかったため、接戦との予測もあった。

　しかし、結果は下表のとおり、維新現職の圧勝に終わった。

候補者等	得票数等（今回）	得票数等（前回）
永藤英機	139,295	137,862
野村友昭	88,077	123,271
（立花孝志）	－	14,110
投票総数	230,168	278,811
投票率	34.12%	40.83%

　今回の結果を前回の結果と比較してみると、まず目につくのが投票率の低下である。投票総数で 4 万 8 千票余り、投票率で 6.71% 低下している。次に野村候補の得票数の低下が顕著である。永藤候補が投票率低下にもかかわらず、わずかながら得票を増やしているのに対して、野村候補は約 3 万 5 千票も減らしている。この票数に前回立花候補が獲得した票を加えると概ね投票総数の減に拮抗する。

　ちなみに両者の得票比率は 61:39（前回 53:47）で、大阪ダブル選との比較では非維新票の底堅さがみられる。しかし、棄権票の増加分のほとんどが前回野村候補に投じられていたと考えられ、投票率アップにつなげるような選挙の争点化に非維新陣営が失敗した結果、手堅く支持票を固めた維新候補に水を空けられる形になったとみられる。

8)　「維新 vs 反維新」の対立構図の崩壊

　今回の統一自治体選挙および大阪ダブル選挙における維新の圧勝は何を意味するのか。今回の結果を冷静に見るために、ダブル選挙という形で 4 回にわたって闘われた大阪市長選挙の得票数の推移を振り返ってみる。

大阪市長選	第 1 回ダブル選挙	第 2 回ダブル選挙	第 3 回ダブル選挙	第 4 回ダブル選挙
投開票日	2011.11.27	2015.11.22	2019.4.7	2023.4.9
投票率	60.92%	50.51%	52.70%	48.33%
（維新候補）得票	（橋下）750,813	（吉村）596,045	（松井）660,819	（横山）655,802
（反維新候補）得票	（平松）522,641	（柳本）406,595	（柳本）476,351	（北野）268,227
当日有権者数	2,104,977	2,127,593	2,189,852	2,214,966

　第 1 回目のダブル選挙となった 2011 年の大阪市長選挙は、橋下と平松で争われ、投票率は 60.92％という驚異的な高さだった。この時の平松の得票が 52 万票余りで約 75 万票を獲得した橋下に敗れた。両者の得票の比率は 60:40 である。2015 年の第 2 回ダブル選挙では、吉村が 60 万票弱に対して柳本は 40 万票余り。比率は 59:41 である。第 3 回 2019 年のダブル選挙では松井 66 万票余りに対して柳本は 47 万票余り。比率は 58:42 である。しかし、第 4 回目となった今回のダブル選挙では横山 65 万票余りに対して北野は 27 万票弱と低迷した。比率は 71:29 である。

　今回のダブル選挙における市長選挙の投票率は 48.33% で、2011 年と比

べて 12.59% 落ちている。有権者を約 200 万人として、投票総数が約 25 万票減少したといえるが、これをすべて北野の得票に足しても横山の得票に 10 万票以上届かない。興味深いことにこの仮定の得票は 2011 年の平松の得票に拮抗する。一方で横山の得票は 2011 年橋下の得票と比較すると約 10 万票減らしているが、吉村が橋下の後継として初めて立候補し、投票率が 50.51% と低かった 2015 年の市長選挙での吉村の得票と比較すると、さらに投票率は約 2% 低下しているにもかかわらず約 6 万票伸ばしている。この結果はなにを意味しているのだろう。

　「維新 vs. 反維新」という政治構図における反維新の側の大阪市長選挙における最大得票数からみれば、この構図での反維新の得票は 52 万票程度が限界であることがわかる。そのことに反維新の側があまりにも無自覚だったといわざるをえない。この背景には都構想住民投票で、僅差であれ、2 度にわたって反対派が勝利したという成功体験がある。しかし、同時に過去 3 回にわたって、市長選挙においては概ね 6 対 4 で敗北を経験してきたはずである。にもかかわらず今回も結果的にはこの構図による選挙戦しか構想できなかった。その結果、無党派層の取り込みはおろか、基盤となる自民党、民主系、共産党の支持層を固めることもできず、前回得票から約 20 万票を失い惨敗した。「アップデートおおさか」は市民主導の政治団体をめざしながら、皮肉なことに「市民」から見放されてしまったのである。今後この枠組みを継続しても勝利の展望は描けないことはこの選挙で明らかとなった。その原因、つまり有権者の支持を得られなかった私たちの側の弱点がどこにあったのかの分析が必要である。

　一方、維新はこの 12 年間、市長選挙に限れば反維新の得票上限を大きく上回る 60 万票から 70 万票の獲得に成功してきた。どうしてそれが可能だったのだろうか。維新にだけこの 12 年間が平たんな道であったわけではない。劇場型政治と揶揄されながら、場合によっては大きく支持を失ってもおかし

くない政治課題を自ら招き入れ、「挑戦」を続けてきたといえる。ときには
なりふり構わない政治手法で強引に事態を突破する姿をさらし、批判を浴び
ることもあった。所属議員のスキャンダルにも事欠かなかった。維新の「挑戦」
がすべて支持されたわけでも、成功に終わったわけでもない。

　2度の都構想住民投票の敗北、コロナ禍への対応の不手際、問題山積の万
博開催とIRカジノ誘致等々、数え上げればきりがない。事実、わたしたち
維新政治を批判する側は、これらの課題をめぐって維新批判を強めてきた。
わたしたちの批判は政策的には一定の支持を得ながら（都構想反対やカジノ
反対など）、議員や首長を選ぶ選挙となると有権者の支持を得ることができ
ず、維新は選挙に勝利し続けた。

　有権者はどうして維新を支持し、反維新を支持しないのか。反維新が支持
されない理由はどこにあるのか。次に、私たち反維新の側の弱点について、
過去にさかのぼり、考えてみたい。

2　「反維新」勢力の形成過程とその弱点

1)　大阪市の財政危機と労働組合への批判の高まり

　どうして「反維新」は支持されなかったのか。この問題を考えるためには「反維新」とは何かを規定しなければならない。そのためには一度、維新が登場する以前の大阪に立ち返る必要がある。

　バブル経済がはじけた 1990 年代以降、大阪市の財政は逼迫し、危機的な状況となる。大阪市の財政がひっ迫した最大の理由はバブル崩壊に伴う第 3 セクターの破綻問題である。大阪市は 1990 年代から第 3 セクターによる湾岸地域をはじめとする都市再開発を強力に推し進めた。この背景には 1985 年のプラザ合意がある。アメリカからの圧力で日本は内需拡大策の拡充を迫られたが、行政改革を進める中曽根政権は政府の公共投資を拡大するわけにはいかなかった。そこで地方自治体が公共投資を行うことを推奨した。第 3 セクターによる開発のために借金（公債発行）をしても、地方交付税の基準財政需要額に算入されるため、実質的には国が肩代わりしてくれるとの思いから、大阪市も多くの開発に着手した。その象徴が咲洲の WTC（ワールドトレードセンター）である。しかし、バブル崩壊の余波を受けて次々と破綻の危機にさらされる。大阪市は起死回生の策として 2008 年オリンピックの大阪招致に賭けるが、2001 年の IOC 総会であえなく北京に敗れる。

　こうした中、2004 年 11 月に關淳一助役が引退する磯村市長の後任として市長選挙に立候補し当選する。大阪市の市長には助役出身の者が選出されてきたことがよく批判される。關市長は確かに助役出身であったが、医師で

あり、大正から昭和初期にかけての名市長といわれた關一の孫でもあった。關市長は就任直後から並々ならぬ決意で第3セクターの経営再建をはじめ、大阪市の財政再建に取り組む。そして当時「職員厚遇」として批判されていた市職員の賃金水準や諸手当の見直しに着手する。労働組合は現行の賃金や諸手当の水準は正当な労使交渉と労使合意に基づくものであると見直しに反対し、労使交渉は当然、難航した。

　当時、在阪メディアは大阪市の「カラ残業」問題をはじめ、違法性の疑われる不適切な労使慣行の問題をこぞってスクープしていた。メディアのこのキャンペーンは、バブル崩壊により低迷する労働者の賃金との比較で、相対的に安定した大阪市職員の給与処遇への批判に格好の論拠を与えた。メディアは市職員優遇の背景には長年にわたる大阪市の労使癒着があると断じた。これらの報道に接した市民から大阪市役所の労働組合に抗議が殺到した。

　同じ頃、労働組合とともにマスコミから批判の矢面に立たされたのが部落解放同盟だった。同和行政へのバッシングである。ここでも「飛鳥会事件」などの違法性のある問題と行政の責務である人権施策の問題が、あたかもともに解放同盟の「利権」であるかのように一括りにして語られた。

　「飛鳥会事件」をはじめとした一連の不祥事に対して、解放同盟は現役の支部長や役員が逮捕されたことを真摯に受け止め、逮捕者の除名処分、エセ同和行為の徹底した排除等を含む「総括と見解」をまとめ内外に明らかにするとともに、報告集会を開催する等、組織の再生と社会的信頼回復に向けて取り組んでいた。しかし、そうした実態を伝えたメディアは極めて少数であり、「飛鳥会事件」の舞台となった駐車場の運営を「事実上の同和対策事業」と誤って報道したメディアの影響は大きく、同和・人権行政後退への大きなきっかけを与えることになった。

　確かに当時の大阪市の財政は危機的な状況にあり、その克服のためには聖域を設けない見直しが必要であった。職員の賃金や人権施策も例外でなかっ

たのは事実である。だが財政危機は先述のとおり決して大阪市や大阪府に特有のものでなく、政府の誘導に乗じた公共投資の拡大の末のバブル崩壊に伴って全国の多くの自治体にみられた構造的なものであった。

　事実、同じ時期にリゾート法を活用して過剰投資を行った末に、バブル崩壊による景気低迷で経営破綻をきたしたリゾート施設が全国各地で多く発生したが、同じ構造を有していたといえる。その典型が北海道夕張市の財政破綻問題（2005 年）であった。1990 年代の日本の自治体改革のキーワードは「地方分権」であった。しかし 2000 年の分権一括法の制定の後、自治体改革のキーワードは「地方行革」へと大きく反転する。そうした流れの中で、総務省から矢継ぎ早に地方行革の「指針」が発出されてくる。

　「地方行革」が自治体のアジェンダとして定着するのは 1980 年代初頭の第 2 次臨時行政調査会（第二臨調）からだが、その動きを引き継ぎ、例えば 2005 年の総務省「指針」は、事務事業の再編・整理、民間委託の推進、定員管理の適正化、諸手当の見直しを含む給与の適正化、第 3 セクターの見直し等をあげている。この後触れる橋下市長の「小さな政府」「行革」路線は、大きくこうした時代の流れに沿ったものであった。

　自治体財政の危機は一面で、地方交付税依存や国の補助金頼みといった財政運営にもよることは確かである。同時に、企業会計とは異なる公会計のもつ問題を含め、自治体財政の自立をはばむ日本の財政制度の構造的問題もみておく必要がある。しかし当時、マスコミの論調は各自治体の財政危機を招いた「犯人探し」の様相を呈していく。大阪においては、第 3 セクターによる開発に失敗した大阪市の行政機関と市議会の「なれあい」、「厚遇」を享受した職員と労働組合、「同和利権」を得てきた部落解放同盟がやり玉にあがった。バブル崩壊以降、景気は低迷し、いわゆる「中間層」の衰退と非正規雇用の増大が社会問題化する中、それでなくても「安定」した公務員に厳しい目が向けられ、大阪市職員の労働組合への風当たりはことのほか強かった。

2)　關市長の出直し選挙と労働組合との対立

　こうした中で關市長は 2005 年 11 月、選挙において協力を受けているため労働組合や部落解放同盟に強く出られないとの批判に対抗するため、市長を辞任し出直し選挙に臨む。出直し選挙においては労働組合や解放同盟、それらと支持協力関係にあった民主党の推薦を受けず、自民党、公明党の推薦のみで選挙戦をたたかい、再選を果たす。出直し選挙で再選を果たした關市長は、強硬な姿勢で労働組合との交渉に臨むことになる。

　大阪市の財政状況は依然として厳しく、報道を通じて形成された大阪市民の労働組合に対する不信感はますます高じていた。労働組合にとっても市の財政再建と市民からの信頼回復は最も優先すべき課題であった。その結果、大阪市職員の賃金労働条件については、概ね大阪市側の提案に労働組合が合意する形で見直しが進む。組合員の生活を考えると極めて厳しい内容であったが、労働組合は賃金や労働条件に関する事項については労使交渉と労使合意に基づき決するという労使自治のルールを守ることだけを成果として、労使合意の判断を行った。既に人権施策の施設として一般施策化が図られていた人権文化センターなどの地区内施設の一層の見直しも進められた。

　關市長は労働組合や解放同盟を敵対勢力と名指して、非和解的な対立構図を作り、改革を断行するという政治手法をあえてとった。これは明らかに郵政民営化を強行した小泉純一郎首相（当時）に学んだものであったろう。關市長はこうした手法でなければ大阪市の改革は実行できないと判断したのである。しかし、本当にそれしかなかったのだろうか。小泉流の劇場型政治のアンチテーゼとして「熟議民主主義」が注目されていたのもこの時期である。熟議による解決の道もあったのではないだろうか。これに関しては労働組合の側もかつての運動のあり方について再考する余地は十分にある。もし關市

長が熟議を尽くす姿勢で労働条件の見直し提案を行っていたら、労働組合は真摯に交渉に応じ、たとえ組合員に不利な提案であってもやむを得ないと判断し、受け入れる度量をもっていただろうか。

3）　平松市長の誕生

　關市長が後ろ盾と頼んだ小泉純一郎首相が 2006 年 9 月に退陣すると、後継政権は安定せず、自民党は政権を失う危機に直面する。2008 年にはリーマンショックに端を発した世界金融危機が世界を覆う。日本では「派遣切り」などのかたちで、そのツケが非正規雇用労働者に押しつけられる。「ネットカフェ難民」と呼ばれた新たなホームレスが発生し、格差と貧困が社会問題としてクローズアップされる。自民党政権への失望と反貧困運動など新しい市民運動への期待が、民主党への支持を押し上げていく。政権交代が現実的な政治目標となった民主党は、知事選挙や政令市長選挙での自民党との相乗りを否定する方針を打ち出す。しかも既に關市長は出直し選挙で民主の推薦を拒否していた。2007 年 11 月の大阪市長選挙で民主党はアナウンサー出身で知名度の高い平松邦夫を推薦し、自民党、公明党が推薦した現職市長の關淳一に勝利する。平松市長の誕生は大阪市政に新たな政治潮流を生むことになる。

　まず、平松市長は議会で多数を占める自民会派や公明会派からの厳しい対応にさらされる。例えば平松を応援した労働組合との分断を図るため、大阪市職員労働組合の組合費の給与天引き制度であるチェックオフを禁止する条例案が議員提案で提出された。大阪市職員労働組合は非現業職員で構成されるため、法律的には地方公務員法上の職員団体と位置付けられる。そのため現業職員の労働組合には保障されている労働協約締結権を有さず、議会が条例を定めればチェックオフの禁止は可能という理屈である。当時の大阪市議

会は自公で過半数の議席を有していたため、条例案は可決された。平松市長の取りうる対抗策としては、再議に付すという手段があった。市長が再議に付した場合、議会は3分の2以上の賛成で再議決しなければならない。当時、自公で3分の2の議席は有していなかったため、この条例案は否決されることになる。しかし、平松市長は市長と議会の対立が深刻化することを避けるため、再議に付さず、この条例を受け入れた。労働組合との協議には自らあたり、理解を求めた。

　また、平松市長は關市長が着手した財政再建の取り組みを基本的に踏襲し、第3セクターの再建問題なども議会との熟議を重ねながら、合意点を見出していった。市長選挙で支援した労働組合に対し便宜を図ることはまったくなかったし、もちろん労働組合もそうした要求はしなかった。

4）　平松市政における市民協働路線

　一方で、平松市長は市民協働の推進を掲げて、区政や市政への市民参画を拡大する施策を積極的に展開した。これは市民に住民自治の意識をうながすとともに職員には新しいやりがいをもたらした。

　市民協働は地方分権改革の中で喧伝されたキーワードである。地方分権の充実には団体自治と住民自治の強化が車の両輪であるといわれた。団体自治の強化は、国の権限を地方に移すこと、つまり分権であるが、地方自治の充実はそれだけでは不十分である。地方自治に住民が参加・参画できるシステムが不可欠である。分権プラス自治である。それが市民協働という言葉で表象された。平松市長は2008年12月、神野直彦東大教授（当時）を座長に招いて市政改革検討委員会を設置し、財政再建とともに市民協働の政策づくりに着手した。

　労働組合にも新しい動きが生まれていた。市民から厳しい批判を体験した

大阪市職員労働組合は、もう一度市民との信頼関係をつくり直す試みとして淀川区の三津屋地域をモデル地域に設定し、市民との対話を重ね、地元の町会や商店街振興組合、子育てサークルと共同して 2007 年夏、三津屋商店街に空き店舗を活用した交流スペース「みつや交流亭」を開設する。また、連合大阪は 2009 年、ネットカフェ難民支援のため、釜ヶ崎で日雇い労働者支援に取り組んできた NPO スタッフとともに「大阪希望館」を開設する。これは仕事とともに住まいを失った若者を支援するため、緊急に入居できる居室を備えた生活相談・就労支援施設である。

　この頃、高齢者や障がい者の居場所づくりなど、まちづくりの取り組みがあちこちで展開されていた。アート系の若者たちのグループの活動も活発化していた。両者がごく自然に融合（コラボ）していく姿も見られた。平松市長は市民協働という言葉で、こうした市民の自主的な動きと市政改革を結合しようとしたのである。

5）　反維新の核としてのリベラル保守運動イメージの形成

　こうした平松市長の政治姿勢は次第に自民党や公明党の市議会議員にも受け入れられていく。一方では、橋下知事は推薦を得ていた自公と袂を分かち、大阪維新の会結成へと舵を切っていた。その結果、4 年後の 2011 年のダブル選挙において、橋下・松井に対抗し、民主党のみならず、自民党、公明党も平松の推薦に回り、共産党は公認候補の立候補を取りやめて実質的に平松支持に回るという構図に結実する。これはかつて「相乗り」とか「オール与党」と批判された枠組みとは明らかにちがったものであった。

　そこには政党や労働組合や住民自治団体をはじめとしたいわゆる既存のステークホルダーのみでない、市民協働の掛け声に呼応して登場し始めた新しい市民の息吹が確かにあった。この政治的枠組みの理論的支柱は中島岳志北

海道大学准教授（当時。現、東京工業大学教授）が提唱した「リベラル保守」に
あった。大阪市出身でもある中島教授は何度も私たちの集会に足を運び、熟
議による合意形成の大切さや「リベラル保守」の要諦を語った。それは様々
なリスクが個人を襲う現代社会において、住民が負わされたリスクを個人の
自己責任のみに還元せず、社会として受け止め、支えうる公共サービスを整
備することに地方自治の存在意義を求めるものであった。また中島教授は、
政治権力の側が人々の価値観に接する態度は、多様性を認め合う寛容を旨と
し、父権主義的に権力の側が特定の価値観を押し付けるべきではないことを
強調した。こうした思想がいわゆる「反維新」勢力のバックボーンとなった。

　つまり最初のダブル選挙をたたかった段階での「反維新」には、「市民協働」
をひとつの合言葉として、地方自治や地方政治における固有のビジョンと運
動スタイルを有した市民型政治運動のイメージを有していた。維新に対抗し
なければならないという誘因があったとはいえ、この運動は自民党から共産
党までを包摂する幅広さを持っていた。しかし、残念ながら、それは実際の
運動としては芽生えたばかりの未熟なものであり、政治における理想のイ
メージにとどまっていて、現実政治を動かすだけの基盤を持ち得ていなかっ
た。そのイメージは平松陣営に加わった組織の一部の構成員に分有されてい
たが、そのすべての組織を「リベラル保守」政治の方向に突き動かすほどに
は成長していなかった。突き詰めて考えたなら当時、平松市長候補を核とし
て地域政党化する可能性は存在したかもしれない。しかし、私たちはそれを
現実的な選択肢と思わなかった。そのためにはそれぞれの構成団体内で、い
わば「踏み絵を踏ませる」ような選別と排除が不可避となるからだった。組
織や思想の違いを認め合いながら、緩やかに連携する道こそがこれからの市
民型政治運動のあるべき姿であると思われたからだ。

　そのことがやがて「反維新」の強みと弱みを生むことになる。都構想住民
投票の場合のように、それぞれの団体で「反対」が共有されれば、集合論で

いうところの「結び」の票が獲得できる。しかし、候補者を選ぶ選挙ではそれぞれの団体において「リベラル保守」思想をしっかり共有しているいわば集合論の「交わり」の票しか獲得できない。しかも、それぞれの団体や個人は自らの思想や問題意識に基づいてその時々に生起する社会問題や政治課題にアプローチしていく。都構想住民投票のようなシングルイシューについては、その他の課題に対する政治的立場の違いは棚上げできても、国政選挙と一定の連動性をもつ首長や自治体議員を選ぶ選挙ではハードルが高くならざるを得ない。「交わり」の限界を克服するには、既存政党間の党派性の壁を超える必要があった。この壁を超えるまでには、残念ながら平松市政の蓄積は十分ではなかった。

6)　第 1 回ダブル選挙における平松市長の敗因からみえてくるもの

　2011 年 11 月の第 1 回ダブル選挙における大阪市長選挙で現職の平松候補が獲得できた得票は 52 万票であり、知事を辞職して臨んだ橋下候補が獲得した 75 万票に及ばなかった。敗因は何か。

　2007 年の平松市長誕生の原動力は無党派層も含む民主党支持層であった。しかし、ダブル選当時、野田政権への支持は低迷していた。民主党政権への期待が大きかっただけ、失望も大きかった。民主党大阪府連は国政での支持の低迷とともに、いやそれ以上に支持を失っていった。2011 年 4 月の大阪市会議員選挙では 11 議席減の 8 議席にとどまる。つまり民主党大阪府連および大阪市議団は、自らの単独推薦で誕生させた平松市長への支持を有効に自党への支持につなぎとめることに失敗し、平松支持票の維新・橋下支持票への流失を許した。

　平松市政は市民協働路線で、既成政党や既成団体の利益調整から一歩踏み出した新しい地方自治を志向した。だが、民主党の地方組織や議員はスロー

ガンとして標榜するほどには市民運動、住民活動との信頼関係を構築し得ず、選挙における労組依存体質から脱却できなかった。その弱みが無党派層や改革志向を有する有権者の民主党支持から維新支持への転換を許す結果を招いた。

　もちろん維新が自民党大阪府議団をはじめとする自民党の分裂を母体としていることから、統一選及びダブル選での維新勝利の主因は自民党支持層の維新支持への移行に求められるべきであろう。しかし、労働組合を活動の基盤としてきた私たちは、民主党の支持喪失にこそ、より深刻な敗北の原因を求め、厳しく総括する必要がある。

　それでも、この段階では民主党は市議会に一定の勢力を有し、追い詰められつつも政権の座にあった。自民党や公明党の平松陣営に対する結束も強かった。これまで一貫して独自候補擁立にこだわってきた共産党が候補者自ら出馬辞退を表明するなど、前代未聞の動きもあった。先にのべた「交わり」の限界があったとはいえ、平松が獲得した52万票は2007年の市長選挙で獲得した36万票を大きく上回るものだった。その意味でも2011年のダブル選挙、とりわけ大阪市長選挙は大阪の自治にとって極めて大きなターニングポイントとして記憶されるべきだろう。それ以降の市長選挙で「反維新」候補が52万票を超える得票を得ることはなかった。もし平松市政が継続していたら、あくまで可能性の話ではあるが、過度に経済合理性、効率性のみを追求する維新の地方行革路線とは異なる行政の改革、具体的には、關市長時代から継承した財政再建を自らの手で完遂しようとする努力と合わせ、市民協働に基づく新しい地方自治のモデルを模索し、その過程でいわば「交わり」部分を拡大し、その支持基盤のすそ野を広げる道筋を拓きえたかもしれない。しかし、歴史に「もし」はない。

　「反維新」は、反都構想やIRカジノ反対など反維新的な課題をめぐる活動で一定の支持を維持しつつも、選挙においては争点を維新の政策や政治手法

に対する批判に求めざるを得なくなり、トータルな政策パッケージを有権者に提示することが困難になっていく。維新サイドやマスコミは「反維新」陣営に「対案」の提起を半ば挑発的に求めたが、「対案」をまとめようとすればするほど構成団体の違いが鮮明となり、「交わり」は小さくならざるを得なかった。そうした中でも、「反維新」は 2 度の都構想住民投票に勝利するなど、懸命に共同連携に努めてきた。しかし、2023 年 4 月のダブル選挙・統一自治体選挙ではその発信力も市民の心には届かず、大敗を喫することになる。

3　維新政治が続く中、私たちに何ができるか

1)　過渡的政治現象として維新を見る

　ここまで維新政治についていくつかの角度から考察してきた。大阪維新の会が誕生して13年になる。わたしたちの「大阪の自治を考える研究会」も同じ年月を重ねてきた。自治労大阪府本部が設置した研究機関である大阪地方自治研究センターを母体とした研究会であるため、自治労運動の視点や自治体労働者の立場から維新政治や維新現象にかかわってきたことは否めない。従って、客観的かつ中立的な立場から維新政治を研究対象として分析してきたわけではない。あくまで維新政治に対抗し、これに代わる大阪の政治の可能性を模索する立場から活動してきた。その立場で2回の都構想住民投票、4回の大阪ダブル選挙などにかかわってきた。その結果、2度の都構想住民投票では反対多数により大阪市の存続を守ることができた。だが、4度の大阪ダブル選挙は全敗し、府議会、大阪市議会で維新の過半数を許すこととなった。これまでおおむね私たちの運動は敗北を喫しているといっていいだろう。形勢はさらに維新に有利に傾いているともいえる。

　しかし、私たちはあきらめてはいない。未来の勝利を確信している。

　私たちは、維新政治はあくまで過渡的な政治現象だと思っている。なにが過渡的かといえば、大阪の自治体選挙において、いま維新を支持し、維新の候補者に投票している有権者も、反維新の立場から他の政党や候補者に投票している有権者も、少なくとも維新登場以前よりも主体的意思をもって投票所に足を運んでいると思えるからだ。低下傾向が著しかった市長選挙の投票

率も大きく向上した。府民、市民の地方政治への参加意識は高まったといえるだろう。しかし、私たちはこの市民の政治参加への思いを十分汲みとり、生かしきっていない。維新 vs. 反維新の政治構図を超えるためには、まずここから出発すべきだと考える。

　維新政治は地方自治の最終到達点ではない。特に選挙で勝利したものがすべての権力を掌握できるといわんばかりの政治手法は、必ずや市民の政治への期待を失望させるときがくる。なぜ日本の地方自治のしくみは、公選の首長・議会の二元代表制を採用しているのか。維新政治は首長プラス府議会・大阪市議会の過半数を制したことで、ますます地方自治の根幹である二元代表制を空洞化させる傾向を強めるだろう。しかし、それは少数意見の尊重や熟議の軽視であり、議会のチェック機能の否定である。維新からみればそうした政治手法は民主主義の制度上許されたものと主張するだろう。決められる政治実現のためには正しい選択だとされ、こうした維新の態度を実行力があると評価する有権者も多く存在すると思われる。しかし、この態度は政治倫理的に問題というにとどまらず、権力の暴走を生み、必ず失政（政策の失敗）を招くという意味でも誤りである。地方自治、地方政治への参加意識を高めた有権者が、結果責任を問うことなく、維新の失政を許容したままやり過ごすとも思えない。

　例えば IR カジノ誘致問題。既述のとおり様々な観点からの懸念が指摘されているが、維新は選挙に勝ったのだから思い通りに進めるという勢いだ。国も選挙結果を踏まえて、大阪府・市の IR 整備計画を認定したと思われる。いまは有権者の多くがそれでいいと思っているかもしれない。しかし懸念の払しょくに必要なのは個々の問題を掘り下げて検討し解明することであって、選挙で選ばれるか否かではない。ギャンブル依存症問題しかり、夢洲の土壌問題しかりだ。失敗したときに選んだのは市民だと責任を市民に押しつけたところで、失敗は失敗である。過大投資で財政の危機を招き、市民生活

を脅かすことになる。

　いま、維新は「身を切る改革」という名のもとに自治体議会の議員定数の削減に熱心である。コストカットというわけだ。自治体議会や自治体議員に信頼を寄せていない有権者はこれを支持している。維新の本当の狙いは、議員定数を削減することで与党たる維新の議席占有率を高めることにある。野党会派との余計な調整や妥協を排除し「決められる政治」を実現しようというのだろう。しかし、「決められる政治」による決め事がいつも成功するとは到底いえない。むしろ多角的検討抜きに即断されることで、盲点を生みやすい。決められる政治システムは失敗を運命づけられた政治システムでもある。

　グローバル化に加え人口減少社会プラス超高齢社会が進行する現代、ますます、ものごとの価値判断を一律に決定することが難しい時代になってきた。限られたパイをめぐる世代間の対立にはじまり、経済成長と環境保全のいずれを優先するか。情報技術の発展による効率化が生み出す新しい人権問題にどう対処するか。現代社会には二律背反する難問が噴出している。世論調査でも意見が全く二分されるケースが増えている。「みんなちがってみんないい」（金子みすず）という多様性こそ豊かな社会の指標とする考えがある一方で、国家や自治体が生起する社会問題に介入し、なんらかの対処方針を決定しなければならないのも事実である。この一見矛盾する難問に向き合う意思決定のシステムをどのように構築していくか、現代社会に生きる私たちに問われている。維新がいうように選挙で選ばれたものが決める、多数決で決める、文句があるなら次の選挙で落とせばいい、それが民主主義、といった問答無用型政治はその解ではない。その先には、おそらく国民や市民の間に分断をもたらし、根深い対立を固定化する道しか待っていない。

　問答無用型政治システムが生む政策の失敗を防ぎ、分断や対立をきたさないための政治システムをどう構築するのか、それが21世紀の今日の政治の課題とならなければならない。そのためには上からの統治に拮抗できる下か

らの自治が形成されなければならない。その視点から、もう一度自治体政治
における首長と議会、さらに議員間での熟議のもつ意義とともに、野党や少
数会派の議員の存在の重要性を再確認しておきたい。価値判断が多様化する
社会でこそ熟議は重要になるはずであるが、現実は逆方向に向かっている。
だがそうした傾向が、将来にわたって政治の主流になるとは考えにくい。や
がて多くの有権者がそうした政治の欠陥に気づき、それに代わる政治システ
ムを希求するようになれば維新政治は席を明け渡すことになるだろう。この
ような意味を込めて私たちは、維新政治は過渡的な政治現象であるとみなし
ているのである。

　もっとも今回の統一自治体選挙における維新の躍進ぶりをみるなら、維新
政治の影響力はこれからもしばらくは維持されるだろう。その一方で、私た
ちの運動を担う組織力量は後退を強いられている。市民運動が健闘している
のに比して、政党、特に大阪の地方組織の力量低下が著しい。では、そんな
情勢下で私たちに何ができるだろうか。

2）「野合」批判を克服しうる共闘の再構築に向けて

　維新が大きな支持を獲得している現実から考えると、それに対抗するため
にはできるだけ大きな共闘の形成をめざすのは当然である。一方、こうした
共闘の形成を維新は「野合」として批判する。もちろん維新に対抗する共闘
は一定の政策合意に基づいて形成されるわけで、決して野合ではない。だか
ら大阪都構想の住民投票では 2 度とも反対多数となり、IR カジノの是非を問
う住民投票の実施を求める署名には多くの有権者が協力した。ところが知事
や市長を選ぶ選挙となると有権者の多くがこの「野合」批判に共鳴し、維新
の候補を選択している。それはなぜか。

　「野合」批判が有権者に受け入れられる背景には、いわゆる「オール与党

体制」に対する根深い不信がある。平松市長、橋下知事が登場するまでの大阪市長、大阪府知事は、共産党を除く各政党会派および経済団体や労働組合をはじめとする社会的な影響力を有する諸団体がこぞって推薦する体制が長く続いていた。共産党はこの体制を「オール与党体制」として批判したが、国政とは制度も課題も異なる地方自治において、議会との緊張関係を保ちつつ、一定の安定した地方政治を運営していく上では、一面で現実的な政治体制でもあった。地方自治は二元代表制であり、知事や市長は議会の会派構成とは一定独立して行政権限を行使しうる立場にある。逆に議会会派は、選挙において知事、市長を推薦しても、議会審議や議決で必ずしもそのことに拘束される必要はない。むしろ知事、市長と与野党問わず議会各会派の間に一定の緊張関係があり、その応答を通じて政策が実現されていくことが地方自治の本来の姿だからだ。問題は、この二元代表制のもつ首長と議会各会派の緊張関係を十分機能させてこなかったことにあろう。

　翻って大阪においては、先に述べたように、財政危機を契機に知事、市長を支持する政党や団体は「既得権益」として批判の的となった。また、行政の情報公開の不十分さも「密室政治」として市民の政治不信を強めた。維新の台頭はこうしたオール与党体制という名の首長と議会のなれ合い（ゆ着）批判からはじまっている。市民の維新支持は、首長と議会のなれ合いへの不信がきっかけだったとして、では、大阪において首長と議会を制圧した維新政治に、首長・議会のなれ合いの構造をこえるものがあるのか、ということになる。答えはノーである。首長プラス府議会及び大阪市議会の過半数を制した維新は二元代表制の尊重どころか、権力の暴走へと突き進んでいる。

　他方、反維新の側にも乗り越えなければならない課題がある。つまり反維新勢力は、有権者のいわば旧体制の象徴としての「オール与党体制」に対する有権者の不信や不満を根本的に払しょくできない限り、たとえそこに共産党が加わっても多数の支持を獲得することはできないということだ。

　では、なぜかつては支持を得ていた体制がここまで否定されるに至ったの
か。その根底にはやはり地方分権改革があるように思う。2000 年はいわゆ
る機関委任事務が廃止された年として地方分権改革の画期とされる。それま
で都道府県の事務の約 7 〜 8 割、市町村においても 3 〜 4 割を占めるとい
われていた機関委任事務の大半が自治事務とされた。このことで自治体行政
にかかわる地方議会の関与権限が飛躍的に拡大する。一方で、自治体財政健
全化法が 2007 年 6 月に成立し、2009 年度から完全施行される。翌年には
先述のごとく炭鉱の町として栄えた夕張市が産業構造の転換の失敗から財政
再建団体に転落する。地方分権が地方政治に権限とともに責任をも課すもの
であることを強く印象づけた。大阪府も大阪市も当時、第三セクターの経営
に失敗するなど、ともに深刻な財政危機に陥っていたことは指摘したとおり
である。有権者の意識はこうして地方政治への無関心から覚醒し、大阪府政、
大阪市政の「オール与党体制」不信を募らせていった。

　同時に日本経済は 90 年代初頭のバブル崩壊以来、長期停滞期に入る。地
方経済においても景気の低迷が続く中、地方自治は基本理念をめぐって混乱
の時代に入ったといえるのではないか。地方分権の前進は住民自治に基づく
地方自治の可能性を拓くとともに、より直接的な形での利権構造を地方政治
に持ち込む危険性も有していた。折りしも社会の分断が顕在化する時代が
到来していた。持続可能な都市が希求される一方で、都市間競争が煽られ
る。コモンズ（市民自身がつくる公共空間）や社会的共通資本の価値が再認
識される一方で、市場原理主義的な「小さな政府」がもてはやされる。国政
においても第 2 次安倍政権が成立すると、融和よりも対立を際立たせる社会
的ムードが醸成されていく。その混沌の時代に維新は、一方で既得権益批判
を通じて公共空間を縮小解体し、もう一方で高度成長期に先祖返りしたよう
な公共投資型の成長戦略を描いて見せた。行政のムダを省き、成長戦略で税
収の増を勝ち取るという主張だ。前者の象徴が大阪都構想であり、後者のそ

れが万博と IR カジノといえる。威勢よく大阪を元気づける主張に見えるが、そこには地方自治体が構造的に抱える問題の解決に資するという視点がない。いっときの「勝ち組」になれたとしてもそれでは他の地域の衰退、ひいては国レベルの退潮に歯止めをかけることはできない。しかも、大阪がいっときであれ「勝ち組」になれるのかも怪しくなってきている。

　いま、維新政治は支持されている。しかし、繰り返しになるがこれは過渡的な現象に過ぎないと思われる。なぜなら維新政治は現実政治において、それほどの成果を達成しえていないからだ。究極の地方行革としての大阪都構想は二度にわたって大阪市民から拒否された。コロナ禍での死者数が全国ワーストであったことに顕著なように、極端な公共サービスの見直しの弊害も顕在化しつつある。成長戦略としての万博と IR カジノは府市の財政負担を膨れ上がらせているが、その果実の収穫ははるかに遠のいている。

　また、維新の対決型の政治手法は少々荒っぽくとも、有権者にとってはかつての「オール与党体制」の密室性を克服する地方政治の「見える化」と受け止められた。しかし、知事、市長も議会の過半数も維新が掌握したいま、維新における政策決定の密室化が進行している。それは IR カジノ事業者への優遇などに端的に表れている。その一つをとっても維新政治は行きづまっているのであり、その事実はやがて誰の目にも明らかになるだろう。

　大阪の地方政治を過渡期の現象たる維新政治の時代から次の時代の地方政治に橋渡しするためには、反維新の共闘の再構築が不可欠である。しかし、それはあくまで共闘であって、ひとつの政治団体にまとまることではないだろう。めざすゴールは維新とは別の「維新」を作ることではない。国民の政治意識は重層的で国政と地方政治についても個別の政治選択を行う。一方で国政と地方政治は、位相は違うが密接に関連してもいる。だから各政党支持層が各政党支持層のままで反維新共闘に参加しうる形態は維持されなくてはならない。しかも、これまでの「オール与党体制」に対する不信感を払しょ

くしてなお有権者の過半の支持を得られる共闘でなければならない。そのためにはおそらくここには、二つの越えなければならない壁があるように思える。一つは、各政党の党運営が市民（国民）に対しつねに開かれているということである。私が見るかぎり、反維新を名乗る政党で、この壁を十分にクリアしている政党は、今のところ見当たらない。

　二つは、大阪の有権者の想いをひとつに束ねられるような、具体的かつ何かに反対するのではなく、共に実現を希求するようなポジティブな政策課題を出さなくてはならない。それは何か。それはどこからくるか。いまはわからない。しかし、それは反維新各会派の政治的かけひきの中から出てくるようなものでないことは確かであろう。きっとそれは大阪の人々の暮らしの現場から立ち上ってくるものであるはずだ。その立ち上ってくるものに目を凝らし、耳を澄ます謙虚で我慢強い姿勢こそがいま求められているのではないだろうか。

　SDGs の理念を象徴するキー・メッセージに「誰も置き去りにしない」という言葉がある。このメッセージを単なる美しい言葉に終わらせないためには、私たちは何を考えなければないないだろうか。

　哲学者・鷲田清一から教わった言葉だが、今日の市場原理最優先の社会に必要なのは、independence（＝独立・自立）より inter-dependence（＝相互依存）だという。independence には誰にも依存しない、自立した「強い個人」のイメージがある。市場原理最優先の社会ではますますこうした自立した強い個人が求められてくる。しかし氏の自立イメージはこれとはちがう。高度に分業が発達した現代社会にあっては、自立はむしろ dependence（頼ること、信頼）を基礎に、inter-dependence つまりお互いが助け合い、支え合う関係を抜きには成り立たないという。ここでのキーワードは相互依存と協同である（鷲田清一『老いの空白』弘文堂）。言い換えれば、お互いが弱くて脆い存在であること、そのことの相互承認と信頼が逆に、しなやかな強さをもった個

人、社会をつくるというイメージである。

3）　逆境に耐えるレジリエンスの力

　さてここで、この inter-dependence をヒントにしながら、少し視点を変えて、維新政治のあおりを受けて厳しい攻撃の矢面に立たされた人たちが、その後どう生きてきたかについて見てみたい。

　確かに失ったものは戻らない。住吉市民病院の廃止により大阪市南部の医療は明らかに低下した。大阪市教育委員会からは特別支援学校や高等学校を運営する機能が失われた。大阪府立国際児童文学館は廃止された。大阪人権博物館（リバティおおさか）は裁判での和解の結果、市有地からの立ち退きに同意せざるをえなかった。大阪市水道記念館で飼育されていた国の天然記念物で、絶滅が心配される淡水魚「イタセンパラ」は、橋下市長時代の予算削減に伴う繁殖事業の中止により、すべて死んでしまった。大阪市音楽団は完全民営化され、人形浄瑠璃・文楽への支援は大幅に見直された。大阪の文化行政は徹底して切り捨てられたといっても過言ではない。

　しかし、これらの事業を担った人たちは維新の攻撃の前に決して敗れ去ったわけではない。事業の縮小を強いられ、担い手の賃金の大幅なカットを余儀なくされるなど、「維新改革」という名の事業見直しは今も深刻な影響を及ぼしている。だが、その困難に屈することなく、事業継続の努力が積み重ねられている。その中で新しい取り組みが考案され、また市民の間に支援の輪も広がりつつある。こうした取り組みはそれぞれの分野で粘り強く展開されている。ここでは奮闘を続ける二つの事例について紹介する。

（ア）Osaka Shion Wind Orchestra（大阪市音楽団）
　スマートフォンでもパソコンでもいいので、シオンまたは大阪市音楽団と

検索し、ホームページをのぞいてほしい。演奏中の楽団員たちの写真とともに「日本で最も長い歴史と伝統を誇る交響吹奏楽団」というロゴが飛び込んでくる。そのロゴの下に「創立 100 周年記念サイト」にリンクする小窓がある。大阪市音楽団は 2023 年に創立 100 年を迎えた。1923（大正 12）年、元第四師団軍楽隊の有志で「大阪市音楽隊」が結成されたのが始まりである。1934（昭和 9）年に大阪市直轄に移管され、戦後の 1946 年 6 月に「大阪市音楽団」と改称された。以来、大阪市音楽団は大阪市直営の吹奏楽団として「しおん」の愛称で親しまれ、低廉もしくは無料のコンサートや学校の吹奏楽部への指導など音楽分野における社会教育の重要な役割を担ってきた。また、楽団員は音楽士という専門職種の大阪市職員であり、その雇用の安定が優秀な人材確保と地に足の着いた音楽活動を支えてきた。

　しかし、橋下市長は 2012 年、市政改革プランの一項目として 2013 年度末をもって大阪市音楽団を廃止することを決定した。自立の道を歩む決意を固めた団員たちにより 2013 年 12 月、「一般社団法人　大阪市音楽団」が設立される。2015 年 3 月には楽団名を「Osaka Shion Wind Orchestra」と改称。設立 95 周年を迎えた 2018 年には公益財団法人への移行をはたしている。そして 2023 年、創立 100 周年を迎えることができた。もちろん自立化への道は平たんなものではなかった。この経緯については『橋下市政検証プロジェクト報告書』（大阪市政調査会、2020 年 10 月）所収の西部均・大阪市政調査会研究員による「大阪市音楽団の直営廃止にみる橋下文化政策の欺瞞」に詳しい。以下、この報告を参考に記述する。

　音楽団の 2013 年度末廃止を盛り込む市政改革プランがほぼ確定したことをうけて、自立民営化作業が本格的に動き出す。5 月の市議会での質疑で辻団長（当時）は移行準備について、「組織存亡の危機に際し、団員一人ひとり自らの問題ととらえ、演奏業務の合間を縫ってほかの音楽団体やプロモーションの専門家からアドバイスをいただきながら運営課題を検討したり、既

存の資料を使って収支のシミュレーションを行うなど具体的な検討を行っております」と答弁している。このように団員みずから奔走して自立案を策定していったのである。また、自立後の団員の給与水準は年収240万円と市職員時代の3分の1程度まで減額されている。新規採用の団員はさらに低く、180万円程度である。それでも諸経費を加えると初年度で1億6千万円程度の赤字となった。必要経費は次年度以降も変わらないため、演奏収入が急速に改善するとの見込みに立った収支計画を立てるが、それが計画通り実現する保証はどこにもなかった。にもかかわらず大阪市はこの収支計画に基づいて移行期間の補助の上限を決めてしまう。まさに退路を断つ仕打ちといえる。

　苦境に立たされた団員たちを支えたのは、ファンクラブ「大阪市音楽団友の会」である。友の会は音楽団廃止報道直後の2012年1月27日、緊急幹事会を開催し、応援に取り組むことを決定した。友の会は5月5日、音楽団を応援するアーティスティック・ディレクター宮川彬良との共催で「GO!GO!市音！大阪市音をほめる会」を開催し、3000人の聴衆を集めた。この会には吹奏楽界のリーダー格の佐渡裕や九谷明夫も駆けつけた。その後、宮川彬良は一般社団法人設立に際して、音楽監督に就任している。友の会は「音楽団自立化の資金を集める寄付活動」にも取り組み、総額437万円の寄付を集め、法人化を支えた。

　こうした団員みずからの奔走と応援する人々の努力が実り、移行初年度の演奏収入は想定していた4824万円を大きく上回る1億1700万円に上った。もっとも、経営の厳しさは続いている。西部の報告によると「楽団員の給与は自立2年を待たずして2015年12月に元音楽士は240万円から212万円に、新楽団員は180万円から172万円に切り下げ、さらに2016年4月からは楽団員の雇用形態を業務委託制に切り替え、月給を廃止して演奏活動の実績に応じてギャランティを支払うことになり、平均年収168万円にまで引き下げられた」ということだ。それでも音楽団は存続し、100周年を迎えた。

2018 年度からは大阪メトロとのパートナーシップ提携が結ばれるなど新しい動きも出てきている。自立をはたした音楽団が大阪市民に支えられ、未来を切り開いていくことを切望する。

　蛇足ながら、橋下市長は音楽団廃止議論においてこう言い放ったという。「89 年の伝統は非常に重いですけれども、しかし、公の組織というものは、……誰も評価しなければ、幾らでも税金投入すれば、100 年でも 200 年でも続くんです。……どんな事業でも、切らない限りは永遠に続くというのが、行政組織のある意味恐ろしさでありまして、民間であれば、……もう応援する人がいなくなれば……やめなきゃいけないわけですね」（2012 年 5 月 21 日、大阪市議会定例常任委員会（文教経済）での発言）

　この発言から、橋下の自立イメージと弱くて脆い存在であることをお互い認め合う中から生まれる自立のイメージの違いを確認しておきたい。

　大阪市音楽団は 100 年続き、200 年目への歩みを刻み始めた。団員が音楽団の存続をあきらめず、応援する人がいなくならなかったからである。橋下改革によって大阪市が音楽団を 100 年間にわたって支え続ける栄誉は失われてしまったが、大阪市音楽団を主人公とするこの物語にとっては、それも些細なエピソードとして後景に退いていくことだろう。

（イ）大阪人権博物館（リバティおおさか）
　古代から都市として栄えた大阪には多様な人たちが暮らしている。古くから多くの被差別部落が存在したし、在日韓国朝鮮人や沖縄出身の人たちが集住する地域も形成された。近代化の中で貧しい生活を強いられる貧民街も生まれ、いまは日雇い労働者のまちとなっている。これらの人々は厳しい差別と偏見にさらされたが、これらの人たちも黙ってはいなかった。差別に抗議し、人権を勝ち取るたたかいが力強く展開された。特に部落解放運動は全国の運動をけん引するまでに高揚した。また、この運動は部落問題にとどまる

ことなく、民族差別や障害者差別をはじめあらゆる人権問題と共振し、大阪において人権運動の大きなうねりを作り出したといえる。その意味で日本唯一の人権に関する総合博物館として大阪人権博物館（リバティおおさか）が大阪の地に設立されたことは、歴史的必然ともいえる。

　リバティおおさかは 1982 年 12 月、「財団法人大阪人権歴史資料館」として発足した。1985 年には登録博物館として開館。1995 年に名称を「大阪人権博物館」と変更し、リニューアルオープン。2012 年に公益財団法人に移行した。リバティおおさかは「人権に関する総合博物館」として、在日コリアン、ウチナーンチュ、アイヌ民族、ハンセン病回復者、障害者、ホームレス、被差別部落、ジェンダーや LGBTQ、DV や児童虐待、HIV・AIDS など人権問題を扱った常設展示のほか、タイムリーな特設展示を実施してきた。35 年にわたるこうした博物館活動によって総利用者数は約 165 万人を数え、国内のみならず国外からも高く評価された。

　しかし橋下市長、松井知事時代の 2013 年 4 月、大阪府、大阪市は補助金を全面的に廃止する。リバティおおさかは事業費や管理費、人件費を大幅に削減し自主運営の道を歩み始めるが、追い打ちをかけるように大阪市は 2015 年 7 月、リバティおおさかを相手取って土地の明け渡しと賃料相当損害金の支払いを求める裁判を起こす。この裁判ではリバティおおさかは存続の道を求めて、和解に向けた粘り強い交渉を行った。その結果、2020 年 6 月 19 日、大阪地裁において和解が成立する。和解に際してリバティおおさかと弁護団が発表した共同声明によると、和解の要旨は「①リバティおおさかは現在の建物を 2021 年 6 月 30 日までに撤去し、大阪市に市有地を返還する、② 2015 年 4 月から発生している月額 249 万 832 円の賃料相当損害金（総額約 1 億 9000 万円）のリバティおおさかによる大阪市への支払い義務は、①の履行によって免除される、③リバティおおさかの収蔵物は大阪市の施設に保管し、その使用料は実費を除いて無償とする、④今後は大阪市が

リバティおおさかに対して、適切かつ可能な範囲において協力・連携する」(「共同声明」より) というものであった。

　リバティおおさかは、この和解が成立して以降、再出発を模索することになった。その形態について、独立した新しい建物による博物館運営や他の機関・団体との連携による人権の複合的な役割の一環としての博物館運営、その他の方法と形態による博物館運営などを想定し、関係者と調整しながら議論を進めた。しかし、公的助成がない中で、独立した新しい建物による博物館運営や他の機関・団体との連携による人権の複合的な役割の一環としての博物館運営については、残念ながら経営的に困難であると判断せざるを得なかった。

　折しも 2022 年 4 月 1 日に、大阪府立大学と大阪市立大学が統合して大阪公立大学が発足することになった。そこでリバティおおさかは、大阪公立大学にリバティおおさかが所蔵する約 3 万点の人権資料を保存管理することを要請することにした。大阪公立大学が貴重な人権資料を共有財産として未来に向けて継承し、これを本来的な機能である研究教育において活用するとともに、社会貢献として展示公開することによって大阪府民、大阪市民など多くの人びとの人権に関する教育と啓発に役立ててもらいたいとの要請である。

　リバティおおさかは 2022 年 8 月 26 日、上記の要請を大阪公立大学に対して正式に申し入れた。大阪公立大学は 2023 年 3 月 16 日、リバティおおさかに対して、2025 年度中を目途に実現する方向で協議を進めていくと回答した。そして 2023 年 4 月には大阪公立大学とリバティおおさかによって、リバティおおさか資料移管協議会が発足し、実現に向けた協議が始まっている。このような協議を重ねるなかで、2025 年 3 月には基本計画が作成され、2025 年度中を目途としてリバティおおさかの人権資料が大阪公立大学で保存管理され、展示公開と教育研究に活用されることが期待されている。

　一方で、リバティおおさかは今も人権博物館として可能な活動を継続している。前出の共同声明に今後の活動について次のような決意がのべられている。

> 　リバティおおさかは約2年間の休館となりますが、常設展示や特別展示、企画展示こそ開催できないものの、資料収集保管、展示公開、調査研究、教育普及などの博物館活動を可能なかぎり展開していきます。とりわけ具体的な博物館活動として、①主催による巡回展と他の機関・団体との共催による巡回展の開催、②主催および共催によるセミナーと講座の実施、③フィールドワークの実施、④職員等の講演会への講師派遣、⑤書籍やDVDなどの販売、⑥外部資金獲得による事業、⑦寄付金の募集、などを推進していきます。

　リバティおおさかのホームページを見ると、この言葉通り、巡回展やセミナーの開催、DVDの制作、講師派遣など、多彩な取り組みが掲げられている。人権問題に関する収蔵品（資料・写真・映像など）を活用して、人権ＮＰＯ協働助成事業「人権教育のためのデジタル博物館」の試みも始まっている。

　リバティおおさかは地域住民の寄付によって建設された旧栄小学校の校舎を活用して開設された。その意味では博物館が入った建物そのものが人権史料といえた。橋下市長はその土地を返却させ、校舎を解体した。しかし、リバティおおさかを生み、育んだ人権運動とその歴史を記憶しようとする人々の思いを根絶やしにすることはできなかった。

　これらの実践が教えてくれるのは、事業や活動が不当な批判や攻撃にさらされたとき、もちろん胸を張ってその不当性を主張することは大切だが、同時にこの批判や攻撃を受け流し、したたかに生き延びる現実的な道を見つけ

て歩んでいくことの大切さだ。そのために求められるのは硬直的な強さよりも、近年防災の分野などで注目されたレジリエンスの力、柳の枝が強風にさらされながらも決して折れないようなしなやかさをもった「勁さ」ではないだろうか。

　第1回住民投票について記述した第2章で大阪における市民運動や住民活動の伝統に触れたが、これらの活動や運動が攻撃にさらされるのは維新政治が初めてではない。伝統芸能の世界はさらに長い歴史を持つ。例えば倉田喜弘『文楽の歴史』（2013年、岩波現代文庫）は17世紀後半に竹本義太夫によって創設された人形浄瑠璃の栄枯盛衰の歴史を描き切り、その最後に橋下改革による補助金見直しに触れている。財政難に直面した為政者の苦労にも理解を示しつつ、世界遺産となった文楽の命脈が断たれるようなことはあってはならないとし、「関係者全員の『歴史認識』を、新たにして欲しいものである」と注文をつけて筆をおいている。注目すべきはその分量である。230ページを超える本文中の最後にわずか2ページ半。文楽を主語として語るとき、維新改革、橋下改革に与えられる分量はこの程度のものだということなのだろう。

　私たちがそれぞれの立場で大切にしてきた活動や運動、文化芸術が維新改革の矢面にさらされた。しかし、それらは決して根絶やしにはされず、しなやかな回復力（レジリエンス）を力に再生の取り組みを継続している。それらはやがてもう一度実を結び、新しいメッセージを発信し始めるだろう。そのときこそ大阪の自治が維新政治を乗り越えて次のステージに到達する時であると思いたい。

　4）　私たちに何ができるか

　以上、橋下知事登場以降の15年間を振り返ってきた。その間の私たちの取り組みを文中では維新政治に「対抗する運動」と表現することが多かった。

維新政治に対抗するとはどういうことだろうか。維新サイドからは幾度も「対案を出せ」と迫られた。ときにはメディアからも対案を求められた。自分たちも都構想反対やカジノ反対などにとどまらない、よりトータルな政策の対案を示す必要があるのではと、自縄自縛に陥ることもあった。対案を示す先はもちろん有権者に対してである。有権者はどういう対案を求めているのか。そう考えたとき、維新の運動と私たちの運動のあいだにある交わることのないズレに思い至る。

　維新にとっては政策や候補者はいわば商品であり、有権者から対価として支払われるのが票だといえる。いい商品を生み出し、たくさんの票を獲得し、それで得た議席やポストをフル活用して公約である政策を実現する。維新に対抗する陣営に票が集まらないということは、とりもなおさず商品に魅力がないためだ。有権者に投票してもらえる商品としての政策や候補者をそろえてからものを言え、と。

　しかしそれが本当にいま求められている政治なのだろうか。

　維新に対抗するためには対案を出さなければならないのだろうか。

　そもそも政党や政治団体と有権者の関係は企業と消費者の関係とは次元が違うはずである。

　私たちは都構想はやめるべきだと考えた。また、夢洲のような埋め立て地に、さまざまな課題を有するIRカジノなど建設すべきではないと考えた。二重行政のムダだと、住吉市民病院を廃止したり、研究所や大学を安易に統合したりすべきでないと考えた。大阪市立の特別支援学校や高等学校を府に移管すべきではないと訴えた。水道の民営化に反対した。

　だからといって、大阪府政や大阪市政が従来通りでいいと言ったわけではない。時代の変化に対応して必要な改革はそれぞれの分野で実行されるべきだが、その改革が的を射たものとなるためには慎重かつ専門的な検討が不可欠であるというのが私たちの考えだ。そのためにはそれぞれの分野の利害関

係者や専門家の参画を得て、熟議と合意の上で改革の方策が検討されるべき
だ、と。しかし、維新は私たちを「既得権益」と名指しし、私たちの主張を
既得権益擁護のための詭弁だと切り捨てた。メディアもそれに乗じ、有権者
の多くは維新を支持した。そこに第 3 セクターの破綻や職員厚遇による府政
不信、市政不信があるとすれば、私たちの過去の責任はそれほどまでに重い
というべきかもしれない。しかし今、大阪は同じ過ちを繰り返していないか。
維新は同じ過ちに大阪をいざなっていないか。

　かつて大西正文・大阪ガス社長が大阪商工会議所の会頭就任にあたって「都
市格」宣言をおこなった。都市格というのは経済だけでなく、自由でかつ環
境と文化の高い住み心地の良い都市をめざすということである（公共政策ラボ
による宮本憲一名誉教授へのインタビュー、2019.10.9.）。しかし、橋下元知事の
「こんな猥雑な街、いやらしい街はない。ここにカジノをもってきてどんど
んバクチ打ちを集めたらいい」という発言以来進められた維新改革が、大阪
の都市格を高めたとはとてもいえまい。

　一方で維新が描いて見せた成長戦略は成功するのか。橋下をはじめとした
維新の政治家は、よく政策の方向性を決めるのは公選職（つまり選挙で当選
した首長や議員）で、それを具体的に実行し実現するのは「優秀」な官僚と
いうようないい方をする。しかし、あまりにも拙速で非現実的な政策は、い
くら優秀な官僚であっても実現できないだろう。私たちは維新政治の根本的
な弱点のひとつに時間感覚の希薄さがあると感じている。事業をいきなり廃
止する。補助金をいきなりカットする。こうした「改革」は及ぼす影響を考
慮しなければさしたる準備を要しない。しかし、なにかを計画立案し、進行
管理し、実現成就するような改革は時間がかかり、それなりの計画性が求め
られる。計画を立てるには専門的知識も必要となる。こうした綿密な裏打ち
が維新の政策には感じられない。

　2025 年大阪・関西万博では入札不調が相次ぎ、開催費用の高騰だけでなく、

業界団体からは工期が間に合うのかという懸念すら出始めている。IRカジノに至っては万博前の開設のはずが、7年も先の話になってしまっており、大阪市の負担増ばかりか、その実現性も危ぶまれる状況である。2025年秋の大阪・関西万博の終了からIRカジノが開設される2030年までの4年余りの夢洲の絵姿すら私たちには示されていない。幸い否決されたが、2020年の都構想住民投票が仮に可決されていたならば、大阪市の廃止、特別区への移行は2025年1月1日と想定されていた。万博準備と特別区移行の準備を同時並行で滞りなくできると本気で考えていたのかと首をかしげたくなる。

　現実政治はそれほど生ぬるいものではないことを今後、大阪の有権者は目のあたりにすることになるのではないか。仮に維新の政策の誤りや失敗が決定的に明らかになったとしても、そのコストの支払いはもはや避けられない。そのツケを払わされるのは大阪府民であり、大阪市民である。そのとき大阪府民、大阪市民の行政に対する失望はいかばかりのものとなるだろう。

　しかし、維新の信頼が失墜するだけでは大阪の自治は再生しえない。維新政治に代わる新しい政治の登場が必要である。しかし、どうすれば維新に代わる新しい大阪の自治を再構築し得るのか、私たちには正直わからない。そしてこのわからなさを噛みしめることが一番大切なことだと感じている。負け惜しみに聞こえるかもしれないが、そこに考え至ったことで、私たちは維新より先に進むことができていると感じている。

　作家で精神科医でもある帚木蓬生（ははきぎ　ほうせい）に『ネガティブ・ケイパビリティ　答えの出ない事態に耐える力』（2017年、朝日新聞出版）という著書がある。「ネガティブ・ケイパビリティ」とは、サブタイトルにあるように、答えの出ない事態に耐える力を意味する。19世紀イギリスの詩人ジョン・キーツが弟への手紙に1度だけ記したこの言葉を170年後、イギリスの精神科医ビオンが発掘し、人口に膾炙することになる。日本においてはこれを紹介した帚木の功績が大きい。

　この本の中で帚木は作家・黒井千次の随筆の文章を引用し、ネガティブ・ケイパビリティの要諦を説明している。とても味わい深い文章なので、孫引きになるがここでも再引用する。

　「それにしても、とあらためて考えざるを得なかった。謎や問いには、簡単に答えが与えられぬほうがよいのではないかと。不明のまま抱いていた謎は、それを抱く人の体温によって成長、成熟し、更に豊かな謎へと育っていくものではあるまいか。そして場合によっては、一段と深みを増した謎は、底の浅い答えよりも遥かに貴重なものをうちに宿しているような気がしてならない」（同書 p.77）

　もちろん謎や問いに向き合うことは何もしないことを意味しない。維新の政策に問題があれば反対の声を上げなくてはならない。選挙があれば、たとえ勝利する展望がわずかであっても、有権者にもうひとつの選択肢を提示する努力を怠るわけにはいかない。そうした営為から逃げていては謎や問いは深まらない。しかし、底の浅い答えに飛びつくことは厳に慎まなければならない。

　1 章から 4 章の後段に、大阪での維新政治の背景ともいうべき国内外の情勢を素描した。記述内容はメディアが報じたものや著名な書籍の引用が中心の拙いものであることは自覚している。あえて掲載した理由は二つある。一つは大阪で維新が何らかの動きを起こしているとき、同時期に国政や日本社会ではどんなことが生じていたのかを、いわば横串を刺す要領で明らかにしておきたかったからだ。例えば第 1 回都構想住民投票が実施された 2015 年という年を考えてみよう。国政では安保関連法案を巡って与野党が激突していた。同時に森友学園問題をめぐり、大阪府の私学審議会が小学校設置認可

に転換したのもこの年の1月である。2023年3月になって安倍政権当時、磯崎首相補佐官が総務省幹部に対して「けしからん番組は取り締まるスタンスを示す必要がある」との発言をしたことが発覚したが、こうした恐ろしい事態が進行していたのも2015年である。当時、連日国会を包囲した安保法改正反対の運動が、全くといっていいほどテレビメディアで報じられないことが話題になっていた。そして当時の関西のテレビメディアは競うように橋下市長を番組に招いていた。

　将来の目から振り返った時、2015年は日本社会が何か大切なものを手放してしまった年として思い起こされるだろう。その事実を当事者としての苦い記憶とともに記録に刻んでおきたいと思った。その時、本当はどのような事態が進行していたのかは、私たちの手作業でしか残すことはできないのかもしれないという思いもあった。なぜなら今回、磯崎補佐官問題の報道においてメディアがしきりに取りあげたのは、当時総務大臣であった高市早苗大臣の進退問題ばかりで、当時の報道のあり方は適切であったのか否か、その背景に政治的圧力が働いていなかったのかどうかの自己検証に切り込むものがなかったことに失望したからだ。

　もう一つは、大阪における維新現象と世界で生起する様々な事象との関連性について、論理的に説明する力はないが、深いところでつながっているのではないかという予感を、なんらかの形で記録しておきたかったからだ。イギリスのブレグジットやアメリカでのトランプ大統領の当選を目の当たりにしたときには、橋下・維新の台頭や都構想住民投票の経験が生々しくよみがえった。ひょっとしたら維新政治と対峙する経験をしていなければ、もっと他人ごとのように感じたかもしれない。一方で、世界各地で繰り広げられる若者たちを中心としたリベラルな運動にずいぶん励まされたし、学ぶことも多かった。これも大阪における運動体験がなければ、見過ごしていたかもしれない。その意味ではわたしたちは維新台頭のおかげで、ずいぶん鍛えられ

たし、知恵もついたといえるだろう。その両面を記録にとどめたかった。

　「維新」政治が続く中、私たちに何ができるか。

　底の浅い答えに飛びつくことを自戒しつつ、あえて結論を提出するとしたら、「生きのびる」ことと「つながる」ことと言いたい。意見や利害の対立と分断が深刻化し、容易に妥協点を見出しがたい状況が深まれば深まるほど、「決められる政治」への渇望が強まる。そこにカリスマ的な政治家や政党が登場し、片方の意見を感情的に否定し、「決められる政治」を体現する空気が醸成される。しかし、強引に決めたことを進めようとすると、反対者の意見を強引に切り捨てて進まざるを得ない。そのための手段を彼らは選ばない。しかも、こうした政治手法を駆使する政治勢力の担い手は維新だけに限らない。世界的潮流になりかねない危険性を現代社会ははらんでいる。

　私たちに対する風当たりはますます強まるだろう。しかし、負けるわけにはいかない。そのためには、まずは生きのびることだ。しなやかな抵抗力をもつことだ。文化や芸術の、人権や福祉の、教育や学問の、労働運動や地域活動の、それぞれの活動分野でしたたかに生きのびることだ。そして、そうした活動の担い手がつながることだ。出入り自由な緩やかつながりでいい。何か困ったことに直面したとき、力になりあえるようなつながりを広げていきたい。つながるためには、その基礎に、「信頼」がなければならない。「論破」する前に、ひとの話をよく聞くこと。よく理解すること。そして「信頼」に支えられた関係を構築すること。その「信頼」の輪を広げていくこと。それを自分たちの手で創り上げていくこと。これこそが「自治」である。私もそんな自治のつながりの担い手のひとりとして、これからも踏ん張って活動していきたい。

あとがき

　大阪において維新政治が登場してからの約15年を振り返ってきた。冒頭に自己紹介したように私は主に「大阪の自治を考える研究会」を通して、維新に対抗して活動してきた。そのため、多分に偏った視点からの維新批判になった印象は否めない。記述しているとその時々の一喜一憂が思い起こされ、感情がささくれだつことも多く、読み返してみると冷静さを欠いた表現も散見される。そこは労働組合活動の中から維新に対抗する活動に携わった者の拙い記録としてご容赦いただきたい。

　また、だらだらとした繰り言ばかりでまるで「牛の涎（よだれ）」のようだと批判されそうだが、人間の記憶は意外にあいまいで、時系列がおろそかになることもよくあるので、細かな点もなるべく正確を期して記述したつもりだ。私とともにこの15年を振り返っていただけたら幸いだが、巻末の年表とも対照しながら、興味のあるところだけを拾い読みしていただいても一向にかまわない。

　「大阪の自治を考える研究会」の活動は、いったん終了するが、研究会のメンバーたちはそれぞれの持ち場で、活動を継続していく。もちろん私も底の浅い答えに飛びつくことなく、謎と問いに向き合い続けることで、微力ながらこれからも大阪の自治をめぐる諸問題にかかわっていきたい。

　なお、本書執筆にあたっては、研究会代表の大矢野修さん、先輩で大阪市政調査会元事務局長の別当良博さん、これも先輩で元枚方市副市長の木下誠さんとは幾度となく議論を重ね、多くの示唆をいただきお世話になった。巻末資料の関連年表は別当さんが制作してくれたものだ。最後のまとめに窮し

ていたとき、帚木蓬生氏の『ネガティブ・ケイパビリティ』を紹介してくれたのも別当さんである。みなさんにお礼を申し上げたい。

　本文中に多くの書籍や論文を引用したが、その中でも大阪市政調査会が編集・発行している季刊誌『市政研究』からの引用が過半を占めた。大阪市政調査会は、市民や自治体労働者の立場から、大阪市政およびその背景をなす都市問題、地方自治問題の全般的動向を調査研究することを目的とする機関として、大阪市労働組合連合会が中心となって、1962 年 9 月に創立された。以来 61 年間、一貫して労働者、市民の立場からの研究と発信を続け、『市政研究』は 2023 年夏号で通巻 220 号を数える。大阪市政調査会が築いた現場と研究者のネットワークがなければ、「大阪の自治を考える研究会」の活動は随分心もとないものになったと思う。大阪市政調査会に関心を持たれた方は、ぜひ一度、ホームページなどをのぞいてみていただきたい。

　また、本レポート作成にあたって、中村哲之助元大阪府議会議員が作成した「橋下＆維新　大阪府・市　政局一覧」と題する年表を随所で参照した。2007 年 7 月以降の維新政治に関する詳細な年表で、議員を引退した現在も更新を続けておられる。この年表がなかったら、執筆作業はずっと煩瑣で不正確なものになったことだろう。ここに記して感謝の意を表したい。

　なお、本書の出版にあたって「公人の友社」代表の武内英晴さんに編集・出版の労を取っていただいた。武内さんは、「大阪の自治を考える研究会」が 2 度の住民投票で 4 冊のブックレットを発行した際にも、編集と出版の労を取っていただいた方である。遅い入稿、度重なる修正、そのくせ出版を急かせる私たちによく付き合ってくださった。表紙デザインには機関紙編集者クラブの辻よしはるさんとスタジオくとうてんの岡本直人さんが力を貸してくださった。お二人には住民投票での都構想反対ビラの制作をはじめ、印刷物の制作ではいつもお世話になっている。これらの皆さんには今回も大変お世話になった。重ねてお礼を申し上げる。

参考資料

資料 1　関連年表

資料 2　維新府政・市政で制定された代表的条例

資料 3　「大阪の自治を考える研究会」発行の
ブックレット目次

資料 1　関連年表

2007 年	5 月	改憲発議後の国民投票のルールを定めた国民投票法が成立
	7 月	参議院選挙、自民党敗北、民主党が参院の第一党に（衆参ねじれ）
	1 1 月	平松邦夫が大阪市長に当選
2008 年	1 月	橋下徹が大阪府知事に当選
	6 月	大阪府、関係職員で構成するプロジェクトチームが「財政再建プログラム（案）」策定
		＊収入の範囲内での予算編成、事務事業・出資法人・公の施設をゼロベースで見直し等
	9 月	**リーマン・ショック、世界金融危機**
	1 2 月	大阪市、市政改革検討委員会（神野直彦座長）設置
		東京・日比谷公園に「年越し派遣村」開設（大阪は扇町公園で開設）
2009 年	3 月	橋下知事、府議会に WTC への府庁舎の移転条例案を提案（3 分の 2 の賛成得られず否決）
	4 月	松井一郎ら自民党府議 6 人、「自民党・維新の会」と称する新会派結成、自民会派から離脱
	6 月	府立青少年会館（大阪市）閉館
	8 月	**総選挙で民主党が圧勝、9 月民主・社民・国民新連立の鳩山政権発足**
	9 月	堺市長選、橋下知事が推す竹山修身が現職の木原敬介を破り当選
		浅田均ら自民党府議 5 人、自民会派から離脱、10 月「自民党・ローカルパーティ」を結成
		府議会、WTC ビル購入を盛り込む補正予算案を可決（庁舎移転条例は否決）
	1 1 月	厚労省が日本の相対的貧困率を初めて公表、16.0％（子どもの貧困率 15.7％）
	1 2 月	府立国際児童文学館（吹田市）閉館、図書・資料は府立中央図書館（東大阪市）に移管
2010 年	1 月	**「大阪都構想」報道**
	3 月	橋下知事、都構想のアウトライン（大阪市・堺市・周辺 9 市を 20 の特別区へ再編）に言及
	4 月	子ども手当法・高校無償化法施行
		市民交流センター（人権文化センター・青少年会館・老人福祉センター 32 施設を 10 に統合）開設
		沖縄で普天間基地県内移設反対集会（9 万人参加）

		大阪維新の会結成（橋下代表・松井幹事長、府議 24 人、市議 1 人、堺市議 5 人）
		大阪府自治制度研究会設置
		＊ 2011 年 1 月最終とりまとめ「大阪にふさわしい新たな大都市制度を目指して－論点整理－」
	5 月	市議会福島区補選で維新の会公認の新人候補が圧勝（7 月生野区の補選でも圧勝）
		＊維新の会への合流続き、7 月には府議会で最大会派、市議会でも 8 月末までに 13 人合流
		日米両政府、普天間基地移設先を辺野古とする共同声明を発表、社民党連立離脱
	6 月	鳩山首相、普天間問題で引責辞任。菅内閣発足
		府が WTC の所有権を取得、名称も「大阪府咲洲庁舎」となる
	7 月	参院選で民主党敗れ、再度衆参ねじれ
	9 月	尖閣諸島沖中国漁船衝突事件
	10 月	大阪府、財政構造改革プラン策定
		＊財政再建プログラムの後継計画。歳入歳出改革、地方財政等に関する国への提言等
2011 年	3 月	**東日本大震災、M9.0、福島第一原発事故**
	4 月	大阪市を除く 42 市町村でつくる「大阪広域水道事業団」発足、府の用水供給事業を継承
		統一地方選挙、維新の会が府議会で単独過半数 57 人、市議会 33 人・堺市議会 11 人で第一党
	6 月	府議会、「君が代」起立斉唱義務化条例、維新議員団提出の議員定数削減条例（109 → 88）を可決
	7 月	大阪府における新たな大都市制度検討協議会発足（条例設置）
		＊維新（10 人）・共産（1 人）のみ参加、自民・公明・民主会派参加せず
	11 月	**大阪ダブル選挙、橋下徹が大阪市長に、松井一郎も知事に当選**
		＊市長選の投票率 60.92 ％（前回 43.61 ％）、知事選の投票率 52.88 ％
		＊橋下 75 万票・平松 52 万票、松井 200 万票・倉田薫 120 万票
	12 月	府市統合本部設置（要綱設置）
		＊知事（本部長）・市長（副本部長）・特別顧問（上山・堺屋・古賀・原）等で構成

		＊Ａ項目ー地下鉄・上下水道・一般廃棄物・港湾・大学・消防・保育所等の経営形態見直し
		＊Ｂ項目ー信用保証協会・国際交流施設・工研・衛研・図書館・体育館等の類似事業見直し
2012 年	2 月	橋下市長、全職員対象の政治活動・思想アンケート調査実施
		市議会、「君が代」起立斉唱義務化条例を可決
	3 月	府議会、教育行政基本条例・府立学校条例・職員基本条例を可決
		府・市が府・市内の朝鮮学校への補助金支給停止（8 月大阪朝鮮学園が処分取り消し求め提訴）
	4 月	大阪にふさわしい大都市制度推進協議会が発足（府・市両議会で条例設置）
		大阪市、塾代助成事業（試行）を開始
		石原都知事、尖閣諸島の一部を東京都が買い取る意向を表明
	5 月	市議会、職員基本条例・教育行政基本条例・学校活性化条例を可決
	6〜7月	原発再稼働に反対する「金曜官邸前抗議デモ」活発化（7 月「さよなら原発集会」17 万人参加）
	7 月	関空・伊丹経営統合（2016 年オリックスとフランス企業の連合体が運営権取得）
		市議会、職員政治活動規制条例・労使関係適正化条例・市立学校活性化条例を可決
		大阪市、関係職員で構成する改革プロジェクトチームが「市政改革プラン」策定
		＊歳入確保（未利用地売却）、人件費削減、事務・事業の見直し、補助金削減等
	8 月	**大都市地域特別区設置法が成立（9 月施行）**
	9 月	**大阪市、「市政だより」を廃刊**
		政府、沖縄県尖閣諸島の国有化を閣議決定（中国各地で抗議デモ）
		国政政党「日本維新の会」結成（11 月には石原慎太郎の太陽の党と合流）
	10月	**シンポジウム「特別区設置法の成立と「大阪都構想」のゆくえ」開催（PLP 会館）**
		＊パネリスト　辻山幸宣／澤井勝／乃美夏絵／菅原敏夫（司会）
		＊主催　東京自治研センター／神奈川自治研センター／大阪自治研センター／大阪市政調査会
	12月	総選挙で民主党が惨敗、自民党圧勝、第 2 次安倍政権発足

		＊日本維新の会、躍進（54 議席獲得、第 3 勢力）
2013 年	2 月	**大都市地域特別区設置法に基づく法定協議会がスタート**
	3 月	**大阪の自治を考える研究会編著『いま、なぜ大阪市の消滅なのか』（公人の友社）発行**
		＊サブタイトル－「大都市地域特別区法」の成立と今後の課題－
		＊「大都市地域特別区法と何か」など 4 章構成、コラム 6 本、巻末資料「都区制度問題の考え方」
	4 月	府市大都市局設置（両議会承認の規約による機関の共同設置、法定協の事務局）
		府・市が大阪人権博物館（リバティおおさか）に対する運営費補助金廃止、自主運営継続
	5 月	市議会、市水道局と大阪府広域水道企業団との統合条例案を否決
	9 月	堺市長選、現職の竹山修身が維新の公認候補を破り当選（都構想への参加が争点に）
		大阪市、公立中学校 128 校への弁当給食の実施
	12 月	府議会、泉北高速鉄道（第 3 セクター）の米投資ファンド・ローンスターへの売却案否決
		＊知事提案への造反で維新会派が過半数割れ。泉北高速は 2014 年 6 月に南海電鉄に売却
		市議会、公明・自民・共産などによる議長が当選
		大阪市、塾代助成事業を全市的に実施
2014 年	1 月	法定協で公明が反対に回る
	3 月	法定協の行き詰まり打破のため、橋下市長が出直し市長選挙を図り当選
		大阪の自治を考える研究会編著『大阪市廃止・特別区設置の制度設計案を批判する』（公人の友社）発行
		＊サブタイトル－いま、なぜ大阪市の消滅なのか PART Ⅱ－
		＊「事務分担案からみた特別区の制度設計」など 6 章構成、コラム 8 本
	4 月	大阪市、公立小中学校の学校選択制を導入
		大阪市音楽団の市営廃止、一般社団法人として自立民営化
		大阪市、消防学校を府に統合
	7 月	政府、臨時閣議で従来の憲法解釈を変更し、集団的自衛権行使容認の政府見解を決定
		法定協、委員を差し替えて維新会派委員のみで協定書を可決

	9月	総務大臣の意見を受けて協定書（大阪市廃止と5特別区設置）が確定
	10月	府・市両議会、協定書を否決
	12月	総選挙、自公が3分の2の議席を維持（戦後最低の投票率52.66％）
2015年	1月	法定協で公明が賛成に転じ、協定書を可決（協定書には反対、住民投票実施には賛成）
	3月	府・市両議会、協定書を可決
		大阪の自治を考える研究会編著『いま一度考えたい 大阪市の廃止・分割』（公人の友社）発行
		＊サブタイトル－その是非を問う住民投票の前に－
		＊「貧弱な特別区ができる」など4章構成、巻末資料「協定書に対する市会各会派の反対討論」など
	4月	大阪市、文楽協会への運営補助金廃止
		ピースおおさか、展示修正し「大阪空襲を語り継ぐ平和ミュージアム」として再開
		統一地方選挙、維新が現有勢力維持（府議会過半数・市議会第一党）、市議会の民主会派全滅
		住民投票告示、住民説明会開催（延べ13日・39回・3万2000人が参加）
	5月	**住民投票で「反対」多数、協定書否決、橋下市長は政界引退を表明**
		＊投票率66.83％、賛成69万4844票（49.62％）、反対70万5585票（50.38％）
	6月	府・市・堺市議会、大阪政策調整会議（大阪会議）設置条例案を可決
		＊第1回は紛糾、第2回は自民・共産の欠席で流会、第3回は代表者会議設置の決定のみで終了
	7月	安全保障関連法案強行採決、国会周辺で連日の反対デモ
		府・市、大阪人権博物館に対して敷地の返還を求め提訴
	11月	**首長ダブル選挙、松井一郎が知事、吉村洋文も市長に当選**
		＊市長選の投票率50.51％、知事選の投票率45.47％
		＊吉村60万票・柳本顕41万票、松井203万票・栗原貴子105万票
2016年	2月	吉村市長、水道民営化条例案を一部修正して市議会に提案、12月までに3回継続審議の扱い

	3 月	市民交流センター廃止
	4 月	市立特別支援学校、府へ移管
		府市副首都推進局設置（両議会承認の規約による機関の共同設置）
		熊本地震（M7.3）発生、死者 50 人、関連死 226 人
	6 月	イギリス、国民投票で EU 離脱を可決
	8 月	シャープ（本社・大阪市）を台湾の鴻海が買収
	11 月	米、大統領選挙でトランプが当選
2017 年	2 〜 4 月	森友・加計問題報道活発化
	3 月	市議会、地下鉄民営化等関連議案を可決（2018 年 4 月民営化）
		市議会、水道民営化条例一部修正案、賛否いずれも過半数に達せず、審議未了のまま廃案
		市議会、維新議員団提出の議員定数削減条例（86 → 83）を可決
	4 月	県費負担教職員給与の負担事務が政令市への移譲、市立小中学校教職員の府から市へ身分移管
		府立衛生研究所・市立環境科学研究所が統合・法人化（環境部門は市直営のまま）
		府立産業技術研究所・市立工業研究所が統合・法人化
	6 月	**法定協議会が再始動**
	9 月	小池都知事、国政政党「希望の党」結成。前原民進党代表が希望の党への合流を表明
	10 月	民進党を離党した枝野幸男を中心に「立憲民主党」立ち上げ
		総選挙、自公が 3 分の 2 を確保、野党第一党は立憲民主党
2018 年	3 月	住吉市民病院（住之江区）が閉院
	4 月	市営地下鉄民営化、市 100％出資の大阪メトロに、市バスはメトロの子会社化
	6 月	大阪北部地震（M6.1）発生
	7 月	西日本豪雨、死者 220 人超
		カジノ実施法（IR 法）成立
	9 月	台風 21 号で関西国際空港が孤立
	11 月	パリの BIE 総会、2025 年の国際博覧会の大阪開催を決定
2019 年	2 月	沖縄・普天間飛行場の辺野古移設を問う県民投票で反対が 7 割超
	4 月	**統一地方選挙。入れ替え首長ダブル選挙で市長に松井、知事に吉村が当選** ＊市長選の投票率 52.70％、知事選の投票率 49.49％

		＊松井 66 万票・柳本 48 万票、吉村 227 万票・小西禎一 125 万票
		＊府議会（定数 88）・維新 51 で単独過半数、市議会（定数 83）・維新 40 で第一党
	5 月	桜を見る会をめぐる問題発覚、報道活発化
		公明が協定書賛成に転換
	6 月	G20 が大阪で開催
		竹山市長の辞任に伴う堺市長選挙、無所属新人の野村友昭が維新の公認候補に惜敗
	10 月	台風 19 号、河川の決壊地点が 140 超、この年世界最大の経済損失をもたらした自然災害に
2020 年	2 月	**新型コロナウイルスによるパンデミック、世界に拡大**
	4 月	政府、緊急事態宣言発令
	5 月	スーパーシティ法（国家戦略特別区域改定法）成立
		大阪人権博物館が府・市と和解、閉館
	7 月	**大阪の自治を考える研究会編著『「大阪都構想」ハンドブック』（公人の友社）発行**
		＊サブタイトル－「特別区設置協定書」を読み解く－
		＊「特別区の制度とすがた」「特別区の仕事（分野別）と市民生活」の 2 章（全 20 項目）構成
	11 月	**2 度目の住民投票、協定書再否決**
		＊投票率 62.35％、賛成 68 万 5729 票（49.37％）、反対 69 万 2996 票（50.63％）
	12 月	**市議会、市立高校の府への移管（無償譲渡）を可決**
		＊市立高校 22 校、公有財産台帳で約 1500 億円にのぼる不動産の無償譲渡
2021 年	3 月	**府・市両議会、「府市一元化条例」を可決、4 月施行**
		＊副首都推進本部会議の条例設置、成長戦略策定・都市計画権限の府への一元化（事務委託）
	10 月	市立高校の府への無償譲渡の差し止めを求める住民訴訟提訴
		総選挙、自民 261 の単独過半数、立民 96（－ 13）、維新 41（＋ 30）、公明 29、国民 11、共産 10 など
	11 月	大阪都市計画局発足
	12 月	府・市が夢洲地区区域整備計画の内容を記者発表（土壌改良経費約 790 億円の市負担が判明）

2022 年	2 月	「カジノの是非は府民が決める　住民投票を求める会」が住民投票条例制定の直接請求運動を開始
		＊5 月までの 2 か月間で署名数 21 万筆突破、7 月知事に直接請求
		ロシアがウクライナへ軍事侵攻、ウクライナ戦争始まる
		市立高校無償譲渡差し止め請求訴訟一審判決、棄却、損害賠償請求訴訟として控訴
	3 月	府議会、議員定数削減条例（88 → 79）を可決
		市議会、議員定数削減条例（83 → 81）を可決
	4 月	府立大学と市立大学が統合した大阪公立大学がスタート
	7 月	安倍元首相銃撃事件、統一教会問題報道活発化
		臨時府議会、住民直接請求の住民投票条例制定案を否決
	8 月	夢洲 IR 予定地の土地改良事業費にかかる市の財政負担の差し止めを求める住民訴訟提訴
		都構想パンフレットをめぐる住民訴訟一審判決、棄却、控訴
	9 月	安倍元首相の国葬実施、全国で反対デモ活発化
	12 月	政府、安保関連 3 文書（国家安全保障戦略・国家防衛戦略・防衛力整備計画）を閣議により改定
2023 年	4 月	夢洲 IR 用地を不当に安い価格で貸す契約は違法として、契約差し止めを求める住民訴訟提訴
		統一地方選挙、維新の会が知事・市長、府議会・市議会の単独過半数を制す
		＊市長選の投票率 48.33％、知事選の投票率 46.98％
		＊横山英幸 65 万 5 千票・北野妙子 26 万 8 千票、吉村 243 万 9 千票・谷口真由美 43 万 7 千票
		＊府議会・維新 55、市議会・維新 46 でともに単独過半数、堺市議会・維新 18 で第一党
		政府、大阪 IR カジノ計画案（区域整備計画案）を認定
	6 月	堺市長選挙、再チャレンジの野村友昭、維新の現職に大敗
		市議会、維新の会が提案の議員定数削減条例案（81 → 70）を可決
	7 〜 8 月	大阪関西万博の工事の遅れ等をめぐる報道活発に

（別当良博・制作）

資料2　維新府政・市政で制定された代表的条例

（重要な条文については、ゴシック体にしている）

1.　国歌起立斉唱条例

○大阪府の施設における国旗の掲揚及び教職員による
国歌の斉唱に関する条例

平成二十三年六月十三日公布

（目的）

第一条　この条例は、国旗及び国歌に関する法律（平成十一年法律第百二十七号）、教育基本法（平成十八年法律第百二十号）及び学習指導要領の趣旨を踏まえ、府の施設における国旗の掲揚及び教職員による国歌の斉唱について定めることにより、府民、とりわけ次代を担う子どもが伝統と文化を尊重し、それらを育んできた我が国と郷土を愛する意識の高揚に資するとともに、他国を尊重し、国際社会の平和と発展に寄与する態度を養うこと並びに府立学校及び府内の市町村立学校における服務規律の厳格化を図ることを目的とする。

（定義）

第二条　この条例において「府の施設」とは、府の教育委員会の所管に属する学校の施設その他の府の事務又は事業の用に供している施設（府以外の者の所有する建物に所在する施設及び府の職員の在勤する公署でない施設を除く。）をいう。

2　この条例において「教職員」とは、府立学校及び府内の市町村立学校のうち、学校教育法（昭和二十二年法律第二十六号）第一条に規定する小学校、中学校、義務教育学校、高等学校及び特別支援学校に勤務する校長、教員その他の者をいう。

（平二八条例六〇・一部改正）

（国旗の掲揚）

第三条　府の施設においては、その執務時間（地方自治法（昭和二十二年法律第六十七号）第二百四十四条第一項に規定する公の施設にあっては、府民の利用に供する時間）において、その利用者の見やすい場所に国旗を掲げるものとする。

（国歌の斉唱）

第四条　府立学校及び府内の市町村立学校の行事において行われる国歌の斉唱にあっては、教職員は起立により斉唱を行うものとする。ただし、身体上の障がい、負傷又は疾病により起立、若しくは斉唱するのに支障があると校長が認める者については、この限りでない。

2　前項の規定は、市町村の教育委員会による服務の監督の権限を侵すものではない。

附則

この条例は、公布の日から施行する。

附則（平成二八年条例第六〇号）

この条例は、平成二十八年四月一日から施行する。

2.　大阪府立学校条例

○大阪府立学校条例

平成二十四年三月二十八日公布

目次

第一章　総則

（目的）

第一条　この条例は、大阪府立中学校（以下「中学校」という。）、大阪府立高等学校（以下「高等学校」という。）及び大阪府立特別支援学校（以下「特別支援学校」という。）（以下これらを「府立学校」という。）の設置、運営、教職員の人事、入学検定料等に関し必要な事項を定めることにより、府立学校の効果的かつ効率的な運営を行い、もって府民の信頼に応える学校づくりに資することを目的とする。

（平二八条例五九・一部改正）

第二章　府立学校の設置等

（府立学校の配置等）

第二条　府立学校は、教育の普及及び機会均等を図りつつ、将来の幼児、児童及び生徒の数、入学を志願する者の数の動向、当該府立学校の特色、その学校が所在する地域の特性その他の事情を総合的に勘案し、効果的かつ効率的に配置されるよう努めるものとする。

2　入学を志願する者の数が三年連続して定員に満たない高等学校で、その後も改善

する見込みがないと認められるものは、再編整備の対象とする。

（平二六条例一〇一・一部改正）

（中学校の設置）

第二条の二　中学校を別表第一のとおり設置する。

（平二八条例五九・追加）

（高等学校の設置）

第三条　高等学校を別表第二のとおり設置する。

（平二八条例五九・一部改正）

（特別支援学校の設置）

第四条　特別支援学校を別表第三のとおり設置する。

（平二八条例五九・一部改正）

第三章　府立学校の運営

（学校運営に関する指針）

第五条　大阪府教育委員会（以下「委員会」という。）は、基本計画（大阪府教育行政基本条例（平成二十四年大阪府条例第八十八号）第三条に規定する基本計画をいう。以下同じ。）を踏まえ、府立学校に共通してその運営の指針となるべき事項を定め、府立学校に対し、これに基づいて学校の運営を行うよう指示するものとする。

（校長の学校運営責任）

第六条　府立学校の校長（以下「校長」という。）は、当該府立学校の運営に関して、その責任を有し、最終的な意思決定を行う。

（学校経営計画）

第七条　校長は、毎年、基本計画及び第五条の指針となるべき事項を踏まえ、当該府立学校の特色、その学校が所在する地域の特性その他の事情に応じ、当該府立学校における経営の視点を取り入れた運営の計画（以下「学校経営計画」という。）を定めなければならない。

2　学校経営計画には、次に掲げる事項を定めるものとする。

　一　当該府立学校の教育目標

　二　前号の教育目標を達成するための取組の方策

　三　前二号に掲げるもののほか、校長が必要と認める事項

3　校長は、学校経営計画を定めるに当たっては、あらかじめ地方教育行政の組織及び運営に関する法律（昭和三十一年法律第百六十二号）第四十七条の五に規定する学校運営協議会（以下「学校運営協議会」という。）の意見を聴くものとする。

4　委員会は、校長が学校経営計画を定めるために必要な支援を行うものとする。

（平三〇条例六三・平三一条例九・一部改正）

（学校運営のための経費の確保）

第八条　校長（大阪府立水都国際中学校及び大阪府立水都国際高等学校（以下「民営学校」という。）の校長を除く。）は、委員会に対し、学校経営計画に定めた教

育目標を達成するために必要な経費を要求するものとする。

2　委員会は、前項の規定による要求に基づき、必要となる経費の確保に努めるものとする。

（令三条例六八・一部改正）

（保護者等との連携協力及び学校運営への参加の促進の取組）

第九条　府立学校は、在籍する幼児、児童又は生徒の保護者、地域の住民その他の関係者（以下「保護者等」という。）に対し、当該府立学校の運営に関する状況を説明する責任を果たすとともに、保護者等との連携及び協力並びに保護者等の当該府立学校の運営への参加を促進するため、当該府立学校の授業の内容、次条第一項に規定する学校評価、教育活動その他の状況に関する情報を積極的に提供するものとする。

2　校長は、保護者等の意向を的確に把握し、当該意向を当該府立学校の運営に適切に反映するよう努めなければならない。

（学校評価）

第十条　学校評価（学校教育法（昭和二十二年法律第二十六号）第六十二条及び第八十二条において準用する同法第四十二条の評価をいう。以下同じ。）は、当該府立学校の学校経営計画に定めた教育目標の達成状況の評価を含めて行わなければならない。

2　校長は、学校評価の実施に当たっては、保護者等による学校運営に関する評価（学校教育法施行規則（昭和二十二年文部省令第十一号）第百四条第一項及び第百三十五条第一項において準用する同令第六十七条の評価をいう。）及び第十九条第二項の授業に関する評価を踏まえるとともに、学校運営協議会の意見を聴いて行うものとする。

（平三〇条例六三・一部改正）

（学校運営の改善）

第十一条　校長は、学校評価の結果を次期の学校経営計画に反映させるものとする。

第十二条から第十五条まで　削除

（平三〇条例六三）

第四章　教職員の人事

　第一節　校長の人事

（校長の採用等）

第十六条　校長の採用は、原則として公募（職員からの募集を含む。）により行うものとする。この場合において、職員以外の者は、地方公共団体の一般職の任期付職員の採用に関する法律（平成十四年法律第四十八号）に基づき、任期を定めて採用するものとする。

2　委員会は、校長の任用に当たり、学校教育に関する熱意、識見並びに組織マネジメント及び人材育成に関する能力その他委員会が必要と認める資質及び能力について、評価しなければならない。

（校長の任用及び人事評価）

第十七条　委員会は、校長の任用及び人事評価（地方公務員法（昭和二十五年法律第二百六十一号）第六条第一項に規定する人事評価をいう。以下同じ。）に当たり、当該府立学校の学校評価を踏まえて行うものとする。

（平二五条例一一〇・平二七条例九〇・一部改正）

第二節　教員等の人事

（教員等の研究と修養）

第十八条　校長、教員（教頭、主幹教諭、指導教諭、教諭、助教諭、養護教諭、養護助教諭、栄養教諭及び講師をいう。以下同じ。）、実習助手及び寄宿舎指導員は、教育活動の実施に当たり、保護者等のニーズを踏まえつつ、幼児、児童又は生徒にとって将来にわたって必要な力を育んでいけるよう、絶えず研究と修養に努めなければならない。

（平三〇条例六三・一部改正）

（教員の人事評価）

第十九条　教員の人事評価は、校長による評価に基づき行うものとする。

2　教員のうち授業を行う者に係る前項の校長による評価は、授業に関する評価を含めて行うものとする。

3　前項の授業に関する評価は、生徒又は保護者による評価を踏まえるものとする。

（平二七条例九〇・一部改正）

（校長の人事に関する意見の尊重）

第二十条　委員会は、職員の任免その他の進退について、地方教育行政の組織及び運営に関する法律第三十六条の規定により校長が申し出た意見を尊重しなければならない。

2　委員会は、次条第一項の規定による申出があったときは、これを尊重しなければならない。

（平三〇条例六三・一部改正）

（指導が不適切な教員に対する措置）

第二十一条　校長は、教員の授業その他の教育活動の状況及び当該教育活動に係る保護者からの意見についての学校運営協議会の意見を踏まえ、幼児、児童又は生徒に対する指導が不適切であると認める教員に対し指導を行うとともに、必要に応じ、委員会に対し、教育公務員特例法（昭和二十四年法律第一号）第二十五条第一項に規定する指導改善研修その他の指導の改善を図るために必要な措置（以下「指導改善研修等」という。）を講ずるよう申し出ることができる。

2　委員会は、前項の規定による申出に係る教員について、必要に応じ、指導改善研修等を講ずるものとする。

3　委員会は、教育公務員特例法第二十五条第四項の認定その他の判定において指導の改善が不十分でなお幼児、児童又は生徒に対する指導を適切に行うことができ

ないと認める教員に対して、免職その他の必要な措置を厳正に講じなければならない。

（平二九条例五三・平三〇条例六三・一部改正）

第三節　職員の定数

第二十二条　府立学校の職員の定数は、次に掲げるとおりとする。

一　中学校　三七人

二　高等学校　九、三五五人

三　特別支援学校　五、四三〇人

（平二五条例六五・平二六条例一〇一・平二七条例五三・平二八条例五九・平二九条例五四・平三〇条例六三・平三一条例七〇・令二条例四八・令三条例三五・令四条例四〇・令五条例二七・一部改正）

第四節　適用除外

（令三条例六八・追加）

第二十三条　この章の規定は、民営学校には適用しない。

（以下、略）

3.　大阪市政治活動規制条例

○職員の政治的行為の制限に関する条例

制　定　平24．7．30　条例78

（目的）

第1条　この条例は、本市において公務員に求められる政治的中立性を揺るがす事象が生じていることにかんがみ、職員に対して制限する政治的行為を定めるとともに、職員の政治的行為の制限に関し必要な事項を定めることにより、職員の政治的中立性を保障し、本市の行政の公正な運営を確保し、もって市民から信頼される市政を実現することを目的とする。

（政治的行為の制限）

第2条　職員（地方公務員法（昭和25年法律第261号。以下「法」という。）第36条の規定の適用を受ける職員に限る。以下同じ。）は、同条第1項、第2項（同項第1号から第4号までに係る部分に限る。）及び第3項の規定により禁止し、又は制限される政治的行為をしてはならず、並びに政治的目的（特定の政党その他の政治的団体若しくは特定の内閣若しくは地方公共団体の執行機関を支持し、若しくはこれに反対する目的又は公の選挙若しくは投票において特定の人若しくは事件を支持し、若しくはこれに反対する目的をいう。以下同じ。）をもって、同条第2項第5号の条例で定める政治的行為として次に掲げる政治的行為をしてはならない。

（1）　職名、職権又はその他の公私の影響力を利用すること

（2） 賦課金、寄附金、会費又はその他の金品を国家公務員又は本市の公務員に与え、又は支払うこと

（3） 政党その他の政治的団体の機関紙たる新聞その他の刊行物を発行し、編集し、配布し、又はこれらの行為を援助すること

（4） 多数の人の行進その他の示威運動を企画し、組織し、若しくは指導し、又はこれらの行為を援助すること

（5） 集会その他多数の人に接し得る場所で又は拡声器、ラジオその他の手段を利用して、公に政治的目的を有する意見を述べること

（6） 政治的目的を有する署名又は無署名の文書、図画、音盤又は形象を発行し、回覧に供し、掲示し、若しくは配布し、若しくは多数の人に対して朗読し、若しくは聴取させ、又はこれらの用に供するために著作し、若しくは編集すること

（7） 政治的目的を有する演劇を演出し、若しくは主宰し、又はこれらの行為を援助すること

（8） 政治上の主義主張又は政党その他の政治的団体の表示に用いられる旗、腕章、記章、えり章、服飾その他これらに類するものを製作し、又は配布すること

（9） 勤務時間中において、前号に掲げるものを着用し、又は表示すること

（10）何らの名義又は形式をもってするを問わず、前各号の禁止又は制限を免れる行為をすること

（本市の区域外から行う政治的行為）

第3条　職員が法第36条第2項第1号から第3号まで及び前条各号に掲げる政治的行為を、電話をかけ、又はファクシミリ装置を用いて送信する方法その他の方法により、本市の区域（当該職員が区に勤務する者であるときは、当該区の所管区域。以下同じ。）外から本市の区域内にあてて行った場合は、当該政治的行為は本市の区域内において行われたものとみなす。

（懲戒処分等）

第4条　任命権者は、職員が法第36条第1項から第3項までの規定に違反して政治的行為を行った場合は、「地方公務員の政治的行為に関する質問主意書」に対する国会法（昭和22年法律第79号）第75条第2項の規定による内閣の答弁（内閣衆質180第288号。）において、法は、職員の政治的行為の制限の違反に対しては、懲戒処分により地方公務員たる地位から排除することをもって足るとの見地から、地方公務員の政治的行為の制限については罰則を付すべきでないとの趣旨であるとの見解が示されたことを踏まえ、法第29条に基づき、当該職員に対し、懲戒処分として戒告、減給、停職又は免職の処分をすることができるものとする。

2　任命権者は、教育公務員特例法（昭和24年法律第1号）第2条第1項に規定する教育公務員が同法第18条第1項の規定によりその例によることとされる国家公務員法（昭和22年法律第120号）第102条第1項の規定に違反して政治的行為を行った場合は、法第29条に基づき、当該教育公務員に対し、懲戒処分として戒告、減給、停職又は免職の処分をすることができるものとする。

（施行の細目）
第 5 条　この条例の施行に関し必要な事項は、任命権者が定める。
　　　　附　則
　　この条例は、平成 24 年 8 月 1 日から施行する。

4.　大阪市労使関係条例

○大阪市労使関係に関する条例

制定　平 24．7．30　条例 79

（目的）
第 1 条　この条例は、労働組合等と本市の当局との交渉の対象となる事項の範囲、
　　交渉内容の公表等に関する事項等を定めることにより、適正かつ健全な労使関係
　　の確保を図り、もって市政に対する市民の信頼を確保することを目的とする。
（定義）
第 2 条　この条例において「労働組合等」とは、地方公務員法（昭和 25 年法律第
　　261 号。以下「法」という。）第 52 条第 1 項に規定する職員団体（以下「職員団体」
　　という。）及び地方公営企業等の労働関係に関する法律（昭和 27 年法律第 289 号。
　　以下「地公労法」という。）第 5 条第 2 項（地公労法附則第 5 項において準用する
　　場合を含む。）に規定する労働組合（以下「労働組合」という。）並びにこれらの
　　連合体であって、本市の職員（法第 3 条第 2 項に規定する一般職に属する職員を
　　いう。以下同じ。）をその構成員に含むものをいう。
（交渉事項）
第 3 条　労働組合等との交渉の対象となる事項は、次に掲げる事項とする。
　（1）　給料その他の給与、勤務時間、休憩、休日及び休暇に関する事項
　（2）　懲戒処分、分限処分、転任、昇任及び昇格の基準に関する事項
　（3）　労働に関する安全、衛生及び災害補償に関する事項
　（4）　職員の福利厚生に関する事項
　（5）　前各号に掲げるもののほか、職員の勤務労働条件に関する事項
　（6）　交渉の手続その他の労働組合等と本市の当局との間の労使関係に関する事項
（管理運営事項）
第 4 条　法第 55 条第 3 項又は地公労法第 7 条ただし書（地公労法附則第 5 項におい
　　て準用する場合を含む。）の規定により労働組合等との交渉の対象とすることがで
　　きない事項は、次に掲げる事項とする。
　（1）　条例の企画、立案及び提案に関する事項
　（2）　行政の企画、立案及び執行に関する事項
　（3）　本市の組織に関する事項

(4) 本市の職制の制定、改廃等に関する事項
(5) 職員の定数及びその配置に関する事項
(6) 懲戒処分、分限処分、職員の採用、退職、転任、昇任、昇格その他の具体的な任命権の行使に関する事項
(7) 職務上の命令に関する事項
(8) 人事評価制度の企画、立案及び実施に関する事項
(9) 管理職員等（法第 52 条第 3 項ただし書に規定する管理職員等及び地方公営企業法（昭和 27 年法律第 292 号）第 39 条第 2 項の規定に基づき市長が定める職にある者をいう。）の範囲の決定に関する事項
(10) 本市又はその機関が当事者である不服申立て及び訴訟に関する事項
(11) 予算の編成に関する事項
(12) 本市の財産の取得、管理若しくは処分又は公の施設の設置、管理若しくは廃止に関する事項
(13) 市税、使用料、手数料等の賦課徴収に関する事項
(14) 前各号に掲げるもののほか、本市の機関がその職務又は権限として行う本市の事務の処理に関する事項であって、法令、条例、規則その他の規程又は本市の議会の議決に基づき、専ら本市の機関の判断と責任において処理する事項
2　前項各号に掲げる事項（以下「管理運営事項」という。）については、本市の当局は、労働組合等と意見交換その他交渉に類する行為を行ってはならない。ただし、交渉において必要な範囲内において、決定されている管理運営事項（転任、昇任、昇格その他の具体的な任命権の行使に関する事項を除く。）について説明を行うことを妨げない。

（交渉方法）
第 5 条　交渉に当たっては、議題、時間、場所その他必要な事項をあらかじめ取り決めて行うものとする。
2　前項の規定により交渉を行う場所について取決めを行うに際しては、効率的かつ効果的に交渉を行うことができる場所を選定するものとする。

（交渉内容の公表等）
第 6 条　本市の当局は、労働組合等と交渉（当該交渉の対象となる事項のうち一部の事項に限定して行われる事前協議にあたるものとして市長が定める交渉を除く。次項において同じ。）を行う場合は、原則として 2 日前までに、議題、時間及び場所を公表する。
2　交渉は、放送機関、新聞社、通信社その他の報道機関（報道を業として行う個人を含む。）に対し公開する。
3　本市の当局は、交渉（前条第 1 項の規定により交渉に必要な事項を取り決めるために行う協議等を含む。以下この項において同じ。）を行ったときは、速やかに議事録を作成し、当該交渉に係る労働組合等に当該議事録の内容の確認を求めた上、これを 1 年間公表する。

4　任命権者は、職員が法第 55 条第 8 項の規定により適法な交渉を行う場合又は労働組合法（昭和 24 年法律第 174 号）第 7 条第 3 号ただし書の規定により協議若しくは交渉を行う場合において承認した職務に専念する義務の免除の回数及び時間を、毎年公表する。

（懲戒処分等）

第 7 条　任命権者は、この条例が適正に運用されるように努め、この条例に違反する行為があった場合は、公正かつ厳格に懲戒処分その他の必要な措置をとるものとする。

（適正かつ健全な労使関係の確保）

第 8 条　任命権者は、適正かつ健全な労使関係の確保に努めなければならない。

2　任命権者は、適正かつ健全な労使関係が確保されているかどうかを検証し、必要かつ適切な措置を講じなければならない。

（違法な組合活動を抑止する措置）

第 9 条　任命権者は、労働組合等に対し、当該労働組合等の構成員である職員による法第 35 条の規定による職務に専念する義務又はこの条例に違反する組合活動（法第 55 条の 2 第 1 項本文に規定する職員団体の業務及び地公労法第 6 条第 1 項本文（地公労法附則第 5 項において準用する場合を含む。）に規定する組合の業務並びに職員団体及び労働組合の連合体の業務をいう。以下同じ。）を抑止するために必要な措置を講ずるよう求めることができる。

（収支報告書等の提出）

第 10 条　人事委員会は、法第 53 条に定めるところにより登録を受けた職員団体が引き続き当該登録の要件に適合しているかどうかを確認するために必要と認められる限度において、法第 8 条第 6 項の規定に基づき、職員団体に対して収支報告書その他の必要な書類の提出を求めることができる。

（職員団体の登録の取消し等）

第 11 条　人事委員会は、法第 53 条に定めるところにより登録を受けた職員団体が当該登録の要件に適合していないと認めるときは、同条第 6 項の規定により、当該職員団体の登録の効力を停止し、又は当該職員団体の登録を取り消すことができる。

（便宜供与）

第 12 条　労働組合等の組合活動に関する便宜の供与は、行わないものとする。

（施行の細目）

第 13 条　この条例の施行に関し必要な事項は、市規則で定める。

附　則

（施行期日）

1　この条例は、平成 24 年 8 月 1 日から施行する。

（経過措置）

2　この条例の施行の際現に締結されている労働協約（労働組合法第 14 条の労働

協約をいう。）に基づき本市が行う便宜の供与については、当該労働協約が締結されている間に限り、第12条の規定は適用しない。

附　則（平成28年3月2日条例18号）

（施行期日）

この条例は、平成28年4月1日から施行する。

5.　大阪府市一元化条例

○大阪府及び大阪市における一体的な行政運営の推進に関する条例

令和三年三月二十九日公布

（趣旨）

第一条　この条例は、大阪の成長及び発展を支えるため、将来にわたって府及び大阪市の一体的な行政運営を推進することに関し必要な事項を定めるものとする。

（基本理念）

第二条　府は、府及び大阪市が対等の立場において一体的な行政運営を推進することを通じて、府及び大阪市の二重行政を解消するとともに大阪の成長及び発展を図ることにより、副首都・大阪を確立し、もって豊かな住民生活を実現するものとする。

（責務）

第三条　府は、この条例に定める事項を誠実に履行する責務を有する。

（会議の設置等）

第四条　府は、大阪市と共同して、府及び大阪市の一体的な行政運営を推進することを目的として、副首都推進本部（大阪府市）会議（以下「会議」という。）を設置する。

2　会議は、地方自治法（昭和二十二年法律第六十七号）第二百五十二条の二十一の二第一項に規定する指定都市都道府県調整会議とする。

3　会議においては、第八条及び第九条に規定する事項その他知事及び大阪市長が必要と認める事項について協議するものとする。

（会議の組織）

第五条　会議は、本部長、副本部長及び本部員をもって組織する。

2　本部長は、知事をもって充て、副本部長は、大阪市長をもって充てる。

3　本部員は、知事又は大阪市長がその補助機関である職員のうちから選任した者をもって充てる。

4　知事又は大阪市長は、必要と認めるときは、知事及び大阪市長以外の執行機関の委員長（教育委員会にあっては、教育長）、委員若しくは当該執行機関の事務を補助する職員又は当該執行機関の管理に属する機関の職員から選任した者を本部員として加えるものとする。

5　本部長は、会議の事務を掌理し、会議を代表する。

（会議の運営）

第六条　本部長は、副本部長と協議の上、会議を招集し、これを運営する。

2　副本部長は、必要と認めるときは、本部長に会議の招集を求めることができる。

3　前項の規定による招集の求めがあったときは、本部長は、会議を招集しなければならない。

4　会議においては、本部長、副本部長及び本部員は、府及び大阪市が対等の立場において議論を尽くして合意に努めるものとする。

5　本部長は、必要と認めるときは、副本部長と協議して、次に掲げる者に対し、会議への出席を求めるものとする。

　　一　府議会又は大阪市会の議員

　　二　特別顧問及び特別参与（非常勤職員の報酬、費用弁償及び期末手当に関する条例（昭和四十年大阪府条例第三十八号）第二条第三項に規定する者であって、副首都化、府が大阪市と共同して取り組む施策その他知事が定める施策（以下この号において「特別施策」という。）に関し必要な事項又は特別施策のうち特定の分野に関し必要な事項を調査し、及び助言するものをいう。）

　　三　府内の市町村（大阪市を除く。）の長

　　四　学識経験を有する者その他関係者

（進捗状況の管理等）

第七条　会議で合意した事項（以下「合意事項」という。）については、会議において進捗状況の管理を行うものとする。

2　知事は、合意事項及び合意事項についての進捗状況を府議会に報告するものとする。

（府及び大阪市が会議において協議すべき事項）

第八条　府は、次に掲げる事項について、大阪市と会議において協議するものとする。

　　一　今後の大阪の成長及び発展に関する取組の方向性

　　二　大阪の成長及び発展を支える大都市のまちづくり及び広域的な交通基盤の整備の方向性

　　三　情報通信技術その他の先端的な技術の活用を図る取組の方向性

2　府は、前項各号に掲げるもののほか、府が大阪市と一体的に又は連携して取り組む重要施策に関する方針等について、大阪市と会議において協議するものとする。

3　府は、必要と認めるときは、第一項に規定する事項及び前項に規定する方針等に係る個別の事業の実施における府及び大阪市の役割分担又は費用の負担等について、大阪市と会議において協議するものとする。

（府及び大阪市が一体的に取り組む事務等）

第九条　府及び大阪市の一体的な行政運営に当たっては、府は、大阪市と共同して、次に掲げる手法その他の手法を検討し、最適なものを選択するものとする。

　　一　地方自治法第二百五十二条の二の二第一項の規定による協議会の設置

二　地方自治法第百五十八条第一項に規定する内部組織（次項において「内部組織」という。）、同法第百三十八条の四第三項に規定する附属機関その他の機関等の　共同設置（同法第二百五十二条の七第一項の規定による機関等の共同設置をいう。）

三　**地方自治法第二百五十二条の十四第一項の規定による事務の委託**

四　地方独立行政法人法（平成十五年法律第百十八号）第二条第一項に規定する地方独立行政法人（次項において「地方独立行政法人」という。）その他の法人の新設又は合併

2　府及び大阪市が共同して設置し、又は設立している内部組織及び地方独立行政法人並びに府又は大阪市が出資し、又は出えんした法人のうち大阪の成長及び発展に関する事務を処理するものであって、前項の規定の趣旨を踏まえたものは、それぞれ別表第一から別表第三までに掲げるとおりとする。

3　**第一項の規定の趣旨を踏まえ、次に掲げる事務については、府は大阪市から受託して、知事が管理し、及び執行するものとする。**

一　大阪の成長及び発展に関する基本的な方針（広域にわたる事項に係る部分に限る。以下同じ。）として別表第四に掲げるものの策定に関する事務

二　都市計画法（昭和四十三年法律第百号）第四条第一項に規定する都市計画（以下「都市計画」という。）に関する基本的な方針並びに広域的な観点からのまちづくり及び交通基盤の整備等に係る都市計画として別表第五に掲げるものの決定に関する事務

（委任）

第十条　この条例に定めるもののほか、この条例の施行に関し必要な事項は、知事及び大阪市長が協議して定める。

附則

（施行期日）

1　この条例は、令和三年四月一日から施行する。

（事務執行に係る手続及び体制の整備等の検討等）

2　府は、第九条第三項の規定を踏まえ、この条例の施行後速やかに、同項各号に掲げる事務の円滑な実施のための手続及び体制の整備その他必要な事項について検討を行い、事務の受託に向けた所定の手続を行うものとする。

附則（令和三年条例第四一号）抄

（施行期日）

1　この条例中第一条、次項及び附則第六項の規定は令和三年十一月一日から、第二条、附則第三項から附則第五項まで及び附則第七項の規定は規則で定める日から施行する。

（令和三年規則第一三七号で令和四年一月一日から施行）

別表第四（第九条関係）

一	大阪の成長戦略
二	大阪の再生・成長に向けた新戦略
三	万博のインパクトを活かした大阪の将来に向けたビジョン
四	一の項から三の項までに掲げるもののほか、大阪の成長及び発展に関する基本的な方針であって、府が大阪市から策定を受託する必要があるもの

別表第五（第九条関係）

一	都市計画法第六条の二第一項に規定する都市計画区域の整備、開発及び保全の方針に関する都市計画
二	都市計画法第七条第一項に規定する区域区分に関する都市計画
三	都市計画法第八条第一項第四号の二に掲げる地域地区（都市再生特別措置法（平成十四年法律第二十二号）第三十六条第一項の規定による都市再生特別地区に限る。）に関する都市計画
四	都市計画法第八条第一項第九号に掲げる地域地区（港湾法（昭和二十五年法律第二百十八号）第二条第二項に規定する国際戦略港湾に係るものに限る。）に関する都市計画
五	都市計画法第十一条第一項各号に掲げる都市施設のうち次に掲げるものに関する都市計画 イ　道路法（昭和二十七年法律第百八十号）第三条第一号に掲げる高速自動車国道 ロ　道路法第三条第二号に掲げる一般国道 ハ　独立行政法人日本高速道路保有・債務返済機構法（平成十六年法律第百号）第十二条第一項第四号に規定する阪神高速道路 ニ　都市計画法第十一条第一項第一号に掲げる都市高速鉄道 ホ　都市計画法第十一条第一項第九号に掲げる一団地の官公庁施設
六	都市計画法第十二条の二第一項第五号に掲げる予定区域に関する都市計画

資料3

「大阪の自治を考える研究会」発行の
ブックレット目次

いま、なぜ大阪市消滅なのか
－「大都市地域特別区法」成立と今後の課題－
2013 年 3 月 25 日初版発行

はじめに
第 1 章「大都市地域特別区法」とは何か
　一　橋下市長・維新の会が主張する大阪都構想とは
　二「大都市地域特別区法」はどのような法律なのか
　三　国会審議における発言から
　四　想定される今後のスケジュール
第 2 章　特別区設置協定書の論点を整理する
　一「特別区」の正体と区割り問題
　二　からみ合う事務分担と税源配分・財政調整問題
　三　大阪市の消滅による債務（借金）の引継ぎと分担
　四　特別区の議員定数問題
第 3 章　大阪市消滅による府内市町村・住民への影響を考える
　一　東京都と大阪府の基礎的比較
　二　大阪府・大阪市・府内市町村の相互関係
　三　新大阪府と府内市町村の新しい課題
第 4 章　大阪市を消滅させなくても大都市改革はできる
　　―第三〇次地方制度調査会の「中間報告」がまとまる
おわりに
　コラム 1　大阪都構想と堺市民
　コラム 2　福祉の連携が分断される
　コラム 3　大阪市営交通の「民営化」〜市民の足は大丈夫？
　コラム 4　水道事業の統合協議はいま
　コラム 5　ごみ焼却施設〜解決の道筋がより複雑に
　コラム 6　国民健康保険・介護保険と大阪府の役割
【巻末資料】「都区制度問題の考え方」

大阪市廃止・特別区設置の制度設計案を批判する
－いま、なぜ大阪市の消滅なのか PART Ⅱ－
2014 年 3 月 14 日初版発行

いま一度考えたい大阪市の廃止・分割
－その是非を問う住民投票の前に－
2015 年 3 月 27 日初版発行

はじめに－住民投票で何を選択するのか
その1　貧弱な特別区ができる
　1　区割りの経緯と問題 / 大阪市民に意見表明の機会なし
　2　事務分担が引き起こす不都合な真実
　3　縮小・後退する「まちづくり権限」
　4　貧弱すぎる議員定数と職員体制
その2　大阪府による特別区の分割統治がはじまる
　1　税源配分・財政調整で大阪府の財政支配が強まる
　2　大阪府・特別区協議会（仮称）の問題点
その3　大阪の市民に降りかかる不利益の数々
その4　住民投票—投票率 1% でも過半数で決まる
おわりに
（巻末資料）
　Ⅰ　特別区設置協定書の要旨
　Ⅱ　大阪特別区一部事務組合（仮称）で共同処理する事務
　Ⅲ　特別区設置協定書に対する市会各会派の反対討論（2014 年 10 月 27 日）

「大阪都構想」ハンドブック
－「特別区設置協定書」を読み解く－
2020 年 7 月 20 日第 1 版発行

はじめに～特別区の実像を知るための視点～
第 1 章　特別区の制度とすがた
　1　区割りと名称　4 分割される特別区
　2　特別区の特徴　大きい特別区間の格差
　　（1）　淀川区
　　（2）　北区
　　（3）　中央区
　　（4）　天王寺区
　3　特別区議会　劇的に少ない議員の数
　4　事務分担と職員体制　府内の市町村と異なる事務分担
　5　一部事務組合　大阪特別区事務組合（仮称）って何？

【著者プロフィール】

山口　勝己（やまぐち・かつみ）

1959 年　　　　大阪市生まれ
1983 年 4 月　　大阪市に就職
　　　　　　　　就職直後から、組合活動に参加
2012 年 3 月　　大阪市を退職し、組合活動に専念
2016 年 10 月〜　自治労大阪府本部執行委員長
2019 年 10 月〜　大阪府地方自治研究センター副所長

「維新」政治と民主主義
分断による統治から信頼でつなぐ自治へ

2023 年 10 月 30 日　第 1 版第 1 刷発行
　　　　著　者　　山口　勝己
　　　　発行人　　武内　英晴
　　　　発行所　　公人の友社
　　　　　　　　　〒 112-0002　東京都文京区小石川 5-26-8
　　　　　　　　　TEL 03-3811-5701　FAX 03-3811-5795
　　　　　　　　　e-mail: info@koujinnotomo.com
　　　　　　　　　http://koujinnotomo.com/
　　表紙デザイン　辻よしはる、スタジオくとうてん
　　　　印刷所　　モリモト印刷株式会社

ISBN978-4-87555-905-4　C3030